DIE „ROSENSCHULE BEY JENA"

Quellen zur protestantischen Bildungsgeschichte (QPBG)

Nr. 7

Herausgegeben von Ralf Koerrenz, Alexandra Schotte und
Annika Blichmann

Gefördert vom Landesgraduiertenkolleg
„Protestantische Bildungstraditionen in Mitteldeutschland"
der Friedrich-Schiller-Universität Jena

Die „Rosenschule bey Jena"

Ein Schulversuch von 1762

Herausgegeben von Ulrike Lötzsch

EVANGELISCHE VERLAGSANSTALT
Leipzig

Bibliografische Information der Deutschen Nationalbibliothek
Die Deutsche Nationalbibliothek verzeichnet diese Publikation in der
Deutschen Nationalbiografie; detaillierte bibliografische Daten
sind im Internet über http://dnb.d-nb.de abrufbar.

© 2014 by Evangelische Verlagsanstalt GmbH · Leipzig
Printed in Germany · H 7745

Gedruckt auf alterungsbeständigem Papier.

Umschlag: Kai-Michael Gustmann, Leipzig
Satz: Katja Rub, Leipzig
Druck und Bindung: Docupoint GmbH Magdeburg

ISBN 978-3-374-03761-2

www.eva-leipzig.de

INHALT

A Einführung

Joachim Georg Darjes (1714–1791) – ein studierter Theologe, der seinerzeit als Philosoph, Mathematiker, Jurist und Kameralist einer der namhaftesten Universitätsgelehrten erst in Jena, später in Frankfurter an der Oder und ein ausgesprochen populärer Dozent war – begründete seinen Ruhm insbesondere mit seinen Vorlesungen und seinem vielfach wiederaufgelegten Kompendium über das Natur- und Völkerrecht, *Institutiones Iurisprudentiae Universalis*[1]. Vor seinem Tod war er überdies an der Ausarbeitung des Allgemeinen Preußischen Landrechts beteiligt.[2] Entsprechend wurde und wird Darjes in wissenschaftlichen Untersuchungen vornehmlich als Jurist wahrgenommen. Zu Unrecht bleibt damit allerdings der übergroße Teil seines beeindruckend vielseitigen Wirkens weitgehend unbeachtet. In Güstrow als einziger Sohn eines mehrfach verheirateten Predigers geboren, hatte Darjes zunächst in Rostock Theologie studiert, war aber 1733 dem Ruf des Wolffianismus nach Jena gefolgt. Einer unvorsichtig veröffentlichten radikal wolffianischen Schrift[3] wegen fielen in der Folge sowohl die angedachte Predigerlaufbahn als auch die akademische Theologie als Optionen für seine Zukunft aus. So kam der junge Magister

---

1 Vgl. Darjes, *Institutiones*. Zwischen 1743 und 1776 erschienen sechs weitere Auflagen, auch wurde das Buch illegal nachgedruckt. Eine deutsche Ausgabe nach einer Vorlesungsmitschrift erschien 1762/63, vgl. Ders., *Discours*.

2 Vgl. Gärtner, *Darjes*.

3 Vgl. Darjes, *Tractatus*. Mühlpfordt erhebt den jugendlichen Verfasser dieser brisanten kleinen Schrift aus heutiger Sicht zum „Paradigma für das erste selbständige wissenschaftliche Auftreten der radikalen Ausprägung des Wolffianismus im Jahre 1735 und für deren Lokalisierung in Jena" (Mühlpfordt, *Radikaler Wolffianismus*, S. 242). Darjes wurde durch die Theologische Fakultät gezwungen, einen Widerruf drucken zu lassen, vgl. Ders., *Summae reverendae*. Sein Mentor und vermuteter Anstifter hingegen, der lehrende Magister Jakob Carpov (1699–1768), wurde gänzlich von der Universität entfernt, vgl. zu diesem Prozess z. B. Goldenbaum, *Wertheimer Bibel*.

zunächst als Philosophiedozent unter, verlegte sich nun aber, stets den drängenden Fragen seiner Zeit auf der Spur, auf die rasch an Bedeutung gewinnende Jurisprudenz, insbesondere auf die Kameralistik. Seine Lehrveranstaltungen waren, schon bevor ihm 1744 die ordentliche Professur für Moral und Politik übertragen wurde, in einem bis dahin in Jena kaum bekannten Ausmaß überfüllt. Er publizierte unermüdlich, war in wissenschaftlichen Gremien und Sozietäten aktiv, saß den Jenaer Freimaurern vor und nutzte seine Mußestunden unter anderem für agrarökonomische Experimente. Darjes neigte der von Perfektibilität und Utilitarismus geprägten Idee einer sich in Wissen, Können und Wollen stets weiter entwickelnden Gesellschaft zu. Diese definierte sein Bild vom Menschen als das eines formbaren, der Vernunft und Tugend fähigen Wesens voller angelegter Möglichkeiten, welches allerdings für seine optimale Entfaltung auf die planvolle Einflussnahme seiner Mitmenschen angewiesen ist. Namentlich Darjes' moralphilosophisches Lehrbuch *Erste Gründe der philosophischen Sitten-Lehre*[4] von 1750 kann in gewissen Hinsichten als seine Allgemeine Pädagogik gelesen werden. Erziehung ist demnach zur Menschwerdung unumgänglich. Vernünftigerweise muss sie von Anfang an zum einen das Ziel der Sittlichkeit, zum anderen aber das der Brauchbarkeit verfolgen – nur so ist gewährleistet, dass der Einzelne seine Fähigkeiten nicht nur nach seinen Umständen optimal entwickelt, sondern sie auch aus Einsicht in seine moralische Pflicht zum Besten der Gemeinschaft einsetzt. Der Erzieher oder Lehrer hat dabei die natürliche Reihenfolge zu beachten, in welcher die körperlichen und geistigen Fähigkeiten erwachen und kräftiger werden; Mittel der Wahl ist im Erziehungs- und Bildungsprozess das geduldige Üben. Und obwohl die Einflüsse in der Kindheit und Jugend ein schwer veränderbares Resultat bewirken, so bleibt doch ein jeder verpflichtet,

---

4 Vgl. Darjes, *Sitten-Lehre*. 2., verm. Aufl. 1755, 3. Aufl. 1762, 4. Aufl. 1782.

bis an sein Lebensende der eigenen Vollendung entgegenzuarbeiten. Als Maßstab ist dabei allein das Individuum anzusetzen: Solange jemand den Rahmen seiner Möglichkeiten bestmöglich nutzt, solange erfüllt er auch Gottes Plan mit ihm und darf sich himmlischer Glückseligkeit gewiss sein. Sein kameralwissenschaftliches Interesse schließlich musste Darjes notwendig auch zur Problematik von öffentlicher Erziehung und Bildung führen. Stets an unmittelbar verwertbaren wissenschaftlichen Erkenntnissen und ihrer (ökonomisch vorteilhaften) Umsetzung interessiert, erkannte er in ihrer Verbesserung einen wesentlichen Motor der Aufklärung und des Fortschritts. Der Gelehrte analysierte mit der exakten Methodik des Mathematikers und Logikers den Ist-Zustand öffentlicher Bildung im Schul- und Hochschulbereich und stellte diesem einen Soll-Zustand gegenüber, welchen er ausgehend von der Frage nach den nützlichen und also anzustrebenden Erziehungs- und Bildungszielen entworfen hatte. Ganz praktisch bedachte er dabei stets die tatsächliche Verwirklichung mit, weshalb er auch die für die entsprechenden Reformen zu ergreifenden Maßnahmen differenziert anzeigte. Seine Kritik am bestehenden Schulsystem sowie seinen Gegenentwurf legte Darjes insbesondere in den *Cameral-Wissenschaften*[5] von 1756 nieder. Anregungen dafür lieferte ihm die bereits in der ersten Hälfte des 18. Jahrhunderts von Bildungsreformern öffentlich geführte Diskussion um die Mängel des existierenden Schulwesens: Die Lerninhalte waren zu eingeschränkt, die Unterrichtsmethoden überholt und ein über die Elementarschule hinausführendes Angebot lebenspraktischer Bildung fehlte völlig. Es herrschte bald Einigkeit darüber, dass zeitgemäße Schule, den merkantilistischen Ideen des vorangegangenen Jahrhunderts folgend, eine auf das Alltagsleben und im weitesten Sinne auch auf das Berufsleben vorbereitende Realienbildung nicht nur für zu-

---

5   Vgl. Darjes, *Cameral-Wissenschaften.*

künftige Handwerker, sondern für die gesamte nichtstudierende Jugend umsetzen sollte. In verschiedenen progressiven Entwürfen und ersten praktischen Versuchen rangen Schulreformer darum, diese im Bildungssystem festgestellte Leerstelle adäquat auszufüllen. Zunächst ließ der Theologe Christoph Semler (1669–1740), ein Schüler des selbst bereits um eine Erneuerung des Schulwesens bemühten Jenaer Mathematikprofessors Erhard Weigel (1625–1699), ab 1707 und erneut 1738 in seinem Haus nahe Halle über einige Jahre hinweg wöchentliche Realkurse für Knaben abhalten. Dabei wurden Dinge des täglichen oder beruflichen Lebens direkt oder am Modell bzw. auf Bildern gezeigt und erläutert, so beispielsweise mechanische, optische oder landwirtschaftliche Geräte und verschiedene Gebäude, aber auch Gesteine, Textilien, Münzen oder Tiere.[6] Diese aus dem pädagogischen Realismus hervorgegangenen Kurse setzten den Maßstab für alle späteren Projekte. Gleichwohl zeigten sich viele mehr noch von der pietistischen Pädagogik August Hermann Franckes (1633–1727) beeinflusst. Im Jahr 1695 hatte dieser als Pfarrer von Glaucha ebenfalls in der Nähe von Halle eine Armenschule gegründet, die bald um deutsche Schule, Lateinschule und Adels-Pädagogium erweitert wurde; zusammen mit Waisenhaus und Lehrerseminar bildeten diese *Franckeschen Stiftungen* nach kurzer Zeit eine regelrechte Schulstadt mit europaweiter Ausstrahlung. Die inhaltlichen und didaktischen Prinzipien – Pflege der deutschen Sprache, Berücksichtigung von Realien, Praxis und Anschauung, Unterweisung in Frage und Antwort – sollten Schüler beiderlei Geschlechts zu weltzugewandten, lebenstüchtigen, nutzbringend tätigen Christen heranziehen. Der sensationelle Erfolg dieses in sich geschlossenen und selbständig wirtschaftenden Schulsystems inspirierte vielerorts zu Nachahmungen. Die in den Stiftungen ausgebildeten Lehrkräfte waren als Mul

---

6   Vgl. Benit, *Neueröffnete REAL-Schule.*

tiplikatoren höchst begehrt. Frühe Initiatoren und Theoretiker der neuzeitlichen Realschule begannen nun, die Ideen Semlers und Franckes zusammenzuführen und zunächst theoretisch weiterzuentwickeln. Insbesondere die um diese Zeit zahlreich neu entstehenden (gelehrten) Zeitungen, deren Herausgeber sich zum Teil selbst intensiv mit dieser Thematik befassten, dienten dabei als Plattformen zur Information und Diskussion; zu nennen sind etwa die Erlanger Zeitung *Auszug der neuesten Weltgeschichte*[7], welche Johann Gottfried Groß (1703-1768) zwischen 1741 und 1768 fast im Alleingang verfasste, die ab 1742 erschienenen *Leipziger Sammlungen*[8], deren Herausgeber Georg Heinrich Zincke (1692-1768) seine Leser gleich eingangs ausdrücklich ermunterte, Beobachtungen über das Bildungswesen und Ideen zu Schulreformen einzusenden, oder auch die *Oeconomische(n) Nachrichten*[9] des Peter Graf von Hohenthal (1726-1794), die ab 1749 ebenfalls in Leipzig herausgegeben wurden. Die erste dauerhaft erfolgreiche, wenngleich nicht völlig selbständige Realschulgründung im deutschsprachigen Raum erfolgte schließlich durch den Prediger an der Dreifaltigkeitskirche in Berlin, Johann Julius Hecker (1707-1768).[10] Dieser hatte ab 1747 mit anhaltender Unterstützung der Preußenkönige ein sowohl vertikal als auch horizontal völlig durchlässiges Schulsystem aus Elementar-, Sprach- und Fachklassen mit unterschiedlichen Niveaustufen eingerichtet, in welchem Kinder

---

7   Vgl. Groß, *Auszug*. Die Zeitung erschien über die Jahre unter verschiedenen Titeln, so als *Kurzgefaßte Geschichte des Jahres 1741 enthaltend die merkwürdigsten politischen, Kirchen-, Gelehrten-, auch Handlungs- und Natur-Begebenheiten* (1741), *Kurzgefaßter Auszug der neuesten Weltgeschichte auf das Jahr ...* (1742-1744), *Auszug der neuesten Weltgeschichte auf das Jahr ....* (1745-1753, 1757-1762) und *Auszug der neuesten Weltgeschichte und schönen Wissenschaften* (1754-1756). Nach 1762 wurde sie in Real-Zeitung, das ist *Auszug der neuesten Weltgeschichte ...* umbenannt.
8   Vgl. Zincke, *Leipziger Sammlungen*.
9   Vgl. Hohenthal, *Oeconomische Nachrichten*.
10 Vgl. hier und im Folgenden Ranke, *Hecker*; Bloth, *Gesamtschulen*.

beiderlei Geschlechts ihre gesamte Schulzeit mit individueller Schwerpunktsetzung absolvieren konnten. Selbst unter Francke in Halle ausgebildet und einen großen Teil seiner Mitarbeiter aus dessen Stiftungen rekrutierend, hatte Hecker zusätzlich Semlers Idee der Realkurse aufgegriffen. Den stark am zukünftigen Leben und Beruf der Schülerinnen und Schüler ausgerichteten Unterrichtsinhalten entsprechend, stellte er außer Akademikern auch die jeweils befähigten Experten als Lehrer an, und sorgte für eine umfassende fachlich-didaktische Aus- und Weiterbildung seiner Mitarbeiter. Da es in Berlin zudem gelang, die Anstalten mittels einer eigenen Verlagsbuchhandlung und später dem Betrieb von Maulbeerplantagen für die Seidenfabrikation wirtschaftlich auf eigene Füße zu stellen, hatte Hecker ganz offensichtlich einen nachhaltig funktionierenden Weg zeitgemäßer Schule gefunden. Folgerichtig gab es verschiedene Nachahmerprojekte, so die von Johann Arnold Anton Zwicke (1721–1778) angelegte Realschule am großen Waisenhaus zu Braunschweig,[11] die Armen- und Realschule des bereits genannten von Hohenthal in Wittenberg,[12] die des jüngeren Bruders Andreas Petrus Hecker (1709–1770) in Stargard,[13] oder die des ehemals engsten Mitarbeiters Heckers in Berlin, Johann Friedrich Hähn[14] (1710–1789) in Stendal – häufiger jedoch wurden bestehende Schulen nach dem Berliner Vorbild reformiert.

Mit der Idee der neuzeitlichen Realschule hatte sich Darjes aller Wahrscheinlichkeit nach seit Anfang der 1750er Jahre befasst. Eine erste Spur hinterließen diese Gedanken in der vierten Sammlung der *Philosophische(n) Nebenstunden* von 1752, in

---

11 Vgl. Zwicke, *Vorläuffige Nachricht*; Koldewey, *Verfassung*.
12 Vgl. Zincke, *Leipziger Sammlungen*, Bd. XII 1756, 140. St., S. 713–728; Spitzner, *Geschichte*, S. 129–134.
13 Vgl. Bloth, *Gesamtschulen*.
14 Vgl. Schindler, *Hähn*; Kämmel, *Hähn*.

denen Darjes zur Verdeutlichung bestimmter Begrifflichkeiten das folgende Beispiel wählte:

> „Cajus führet mit seinem Vermögen ein prächtiges Gebäude auf. Er verbindet mit diesem einen ansehnlichen Theil seiner Güter, und er machet nach den Gesetzen der Weisheit und Gütigkeit solche Anstalten, daß in diesem Gebäude arme Kinder zum Nutzen des Staats vernünftig können erzogen werden. So lange dieses Gebäude stehet, und so lange die darin gemachte Anordnung dauret; so lange nehmen treugesinnte Bürger des Staats daher Bewegungsgründe, die Gütigkeit und die Weisheit des Stifters zu verehren, und diß, was seine Mildigkeit dem Staat geschenket hat, dahin zu verwenden, daß das Wohl des Staats durch die Erziehung der armen Kinder vorzüglich könne befördert werden."[15]

Diskussionspartner und Gesinnungsgenossen fand Darjes wohl vor allem in den von ihm frequentierten wissenschaftlichen Gesellschaften. Die *Teutsche Gesellschaft zu Jena* etwa, in welcher Darjes als vornehmes Mitglied in der sogenannten Klasse der höheren Wissenschaften aktiv war, zeigte sich in dieser Zeit fest entschlossen zu einer Akademie der Wissenschaften aufzusteigen;[16] im Zuge dieser Bestrebungen diskutierten die Mitglieder 1754 auch einen Entwurf zu einer ökonomischen Gesellschaft, der unter anderem vorsah, durch volksaufklärerische Projekte „Bürger und Bauern auf eine vernünftigere Gedenkens-Art, in Absicht auf die Sittlichkeit, d[ie] Industrie und Häußlichkeit (zu) leiten"[17]. Mit den Erfurter Kameralisten

---

15 Darjes, *Fernere Erläuterung*, S. 13.

16 Vgl. Marwinski, *Fabricius*; Dies., *Akademie Preisfragen*.

17 Vgl. ThULB, HSA, Ms. Prov. f. 132 (10) Rundschreiben, Bl. 163f. (Zitat Bl. 163l), 189f. Der „Entwurf zu einer oeconomischen Gesellschafft" wurde in einem Rundschreiben der *Teutsche(n) Gesellschaft* vom 26. August 1754 erwähnt und diskutiert, findet sich an dieser Stelle aber nicht in den Akten. Weiter vorn (Bl. 163f.) ist ein solcher Entwurf jedoch

war Darjes über seinen Schwiegervater, den Gartenbaupionier Christian Reichart (1685–1775), ebenfalls im Kontakt und konnte sich als Assessor der dortigen *Akademie nützlicher Wissenschaften* unter anderem mit dem Stotternheimer Pastor August Rudolph Wahl (1716–1780) austauschen, der ab 1756 wiederholt agrarwissenschaftliche und 1761 schließlich bildungsreformerische Abhandlungen in den *Oeconomische(n) Nachrichten* abdrucken ließ.[18] In seinem *Sendschreiben über die Art den Fleiß der Landleute zu erwecken*[19] empfahl er zur Verbesserung der Landwirtschaft vor allem den ab dem vierten Lebensjahr allgemein verpflichtenden Besuch öffentlicher Schulen für Kinder auf dem Land, was freilich zugleich eine hervorragende Besetzung der Schulmeisterstellen und eine Ergänzung des moralisch-religiösen Unterrichts durch die theoretische und praktische

---

eingeheftet, die Datumsangabe „1753/Aug./26" wurde offensichtlich deutlich später ergänzt, sodass es sich um einen Irrtum im Jahr und damit um den fraglichen Plan handeln dürfte. Er sieht ein im Herzogtum Sachsen-Weimar-Eisenach nach und nach einzurichtendes Wissenschaftsnetzwerk mit verschiedenen profilierten Standorten vor. Der Anfang sollte in Jena mit einer ökonomischen Gesellschaft gemacht werden, später würden weitere Abteilungen in anderen Städten unter einer gemeinsamen Präsidentschaft hinzukommen. In Jena könne dann das „Departement" der „Elegantiora Studia (belles lettres)" eingerichtet werden – hier also sollte die *Teutsche Gesellschaft* ins Spiel kommen. Darjes zeigte sich, im Gegensatz zu einigen eher skeptischen Kollegen, in seinem Votum von dieser Idee sehr angetan (vgl. ThULB, HSA, Ms. Prov. f. 132 (10) Rundschreiben, Bl. 190).

18 Wahl schrieb über den Weinbau, den Anbau von Luzerne und die Rinderzucht (vgl. Hohenthal, *Oeconomische Nachrichten*, Bd. 9, 1757, S. 104–116; Bd. 10, 1758, S. 295–316; Bd. 12, 1760, S. 355–362; Bd. 11 1759, S. 79–94). Zudem ist eine zusammenfassende Übersetzung zweier französischer Schriften über neue Sämaschinen mit „A. R. W. P." („August Rudolph Wahl, Pastor") unterschrieben und dürfte damit ebenfalls aus Wahls Feder stammen, vgl. Bd. 13, 1761, S. 435–447. Im gleichen Band hatte er in seinen *Auszüge(n) aus Joh[ann] Jac[ob] Reinhardts vermischten Schriften* einen Realschulplan veröffentlicht, vgl. ebd., S. 477–510; darin über Realschulen S. 494ff.

19 Vgl. Hohenthal, *Oeconomische Nachrichten*, Bd. 14, 1761/62, S. 189–206.

Unterweisung in land- und hauswirtschaftlichen Dingen voraussetze. Dabei solle mit dem Unterricht, so betonte Wahl, keineswegs die vollendete Beherrschung einer Vielzahl von Handwerken und Handarbeiten, sondern vielmehr die Aneignung der nötigsten und nützlichsten Handgriffe erreicht werden. Dies werde nicht allein für zukünftige Landwirte, sondern insbesondere für jene Jungen und Mädchen von spürbarem Vorteil sein, die später in fremde Dienste gingen, da sich derart geschulte Dienstboten durch ihre Findigkeit, ihre Aufgeschlossenheit und ihre vielseitig nützlichen praktischen Kenntnisse beliebt und unverzichtbar machten. Den „Hofrath Daries", so gab der Verfasser an, habe er übrigens „über diesen Punkt dieselben Gedanken ... äussern hören".[20] Dessen Konzept zeitgemäßer öffentlicher Bildung geben einige seiner Schriften wieder, in denen Fragen des Bildungswesens ein Thema sind.[21] Nach der Meinung des Jenaer Gelehrten bestand das ideale Schulsystem aus drei Säulen: Erstens musste es, insbesondere auf dem Land, weiterhin allgemeine Schulen für eine in wenigen Schuljahren abzuschließende Elementarbildung geben. Zweitens sollten die bereits bekannten Gelehrtenschulen beibehalten werden, welche Knaben vom Schuleintritt an über viele Jahre hinweg auf den Besuch einer Hochschule vorbereiteten. Drittens aber musste eine zweite weiterführende Schulform für all diejenigen Kinder geschaffen werden, welche zwar nicht studieren würden, denen für ihre späteren Tätigkeiten jedoch Kenntnisse und Fähigkeiten jenseits der trivialsten Bildungsinhalte höchst nützlich wären. Für die breite bürgerliche Mittelschicht also verlangte er eine ganz eigenständige Schulform, wie sie bereits vor ihm der erwähnte Johann Gottfried Groß mit seinem

---

20 Ebd., S. 190.
21 Vgl. Darjes, *Cameral-Wissenschaften*, S. 392–408; Ders., *Bielefelds Staatsklugheit*, S. 113–119; Ders., *Entwurf*; Ders., *Das erste Jahr*, S. 3f.

Seminarium Politicum[22] für nicht studierende Knaben entworfen hatte. Anders als dieser und andere in der Tradition Heckers jedoch, versuchte Darjes nicht länger durch eine schwerlich zu realisierende Vielzahl an Fachklassen allen möglichen späteren Berufsfeldern auf einmal gerecht zu werden; er legte vielmehr in seinem staatswissenschaftlichen Lehrbuch eindeutig fest, dass jede berufsvorbereitende Schule sich auf bestimmte Bereiche spezialisieren solle.[23] Eine solche Lösung ließ Realschulen auch im ganz kleinen Stil zu, deren Ausrichtung überdies je nach regionalen Gegebenheiten variiert werden konnte, und war somit weitaus praktikabler. Im Unterricht sollte dabei keineswegs bereits die berufliche Ausbildung vorweggenommen, sondern in einfacher Lehrart eine umfassende lebenspraktische Allgemeinbildung sowie naturkundlich-physikalische Kenntnisse und die angewandten mathematischen Wissenschaften vermittelt werden. Eine weitgehende Öffnung des traditionellen Lehrangebots für derartige Inhalte legte Darjes im Übrigen zum Besten der Gesellschaft allen Schulen nahe.

---

22 Vgl. Groß, *Entwurf.*
23 Vgl. Darjes, *Bielefelds Staatsklugheit*, S. 115. Groß sah in seinem Schulplan 14 einzelne Fachklassen mit zum Teil jeweils noch unterschiedlichen Leistungsstufen vor: „Die Buchstabir- und Lese-Classen", „Die Schreibe-Classen", „Die Arithmetischen oder Rechen-Classen", „Die ausländischen Sprach-Classen", „Die Staaten- und Zeitungs-Classen", „Die Kunst- und Maschinen-Classe", „Die Bau-Classe", „Die Physik- oder Natur-Classe", „Die Moral- und Sitten-Classe", „Die Rechts- und Policey-Classe", „Die deutsche Red- und Correspondenz-Classe", „Die Handlungs- und Commercien-Klasse", „Die Wirthschafts- oder Oeconomische Classe" und „Die Curiositäten- oder Extra-Classe, da man alle übrige Merckwürdigkeiten und *Curiosa* würde hinein werfen können". Es muss allerdings dazu erwähnt werden, dass Groß selbst diesen Plan in der konkreten Ausführung für abwandelbar hielt. Bei Hecker waren es mit der mathematischen, der geometrischen, der Architektur- und Bauklasse, der geographischen, der physikalisch-naturkundlichen, der Manufaktur-, Kommerzien- und Handlungsklasse, der ökonomischen und der Extraklasse weniger, aber immerhin auch noch acht einzelne Fachklassen. Vgl. Groß, *Entwurf*, S. 9–15; Ranke, *Hecker*, S. 26.

In der Theorie bereits angedeutet ist auch seine Überzeugung, dass an Realschulen die Eigentätigkeit der Schülerinnen und Schüler einen festen Bestandteil des Unterrichts bilden müsse: Nicht allein ein umfassendes und vielseitiges Wissen, sondern auch die „vorzügliche Fertigkeit" in praktisch-produktiven Arbeiten sind als Ausbildungsziele formuliert.[24] Nicht erst für Darjes stellte sich mit derartigen Vorschlägen für die inhaltliche und methodische Reform von Unterricht die Frage nach geeignetem Lehrpersonal in ganz neuer Brisanz. Ihm schienen vor allem Akademiker verschiedener Fachrichtungen, darüber hinaus aber einfache Fachleute und auch weibliche Lehrkräfte[25] nötig zu sein, um den neuen Anforderung eines vielseitigen und praktisch ausgerichteten Lehrplans gerecht werden zu können. Neben einer gründlichen Überprüfung der fachlichen, pädagogisch-didaktischen und sittlichen Eignung aller Lehramtskandidaten schlug der Gelehrte die Einrichtung von eigenen Seminaren zur bewussten Professionalisierung des Lehrerberufs vor: In seinem Politik-Lehrbuch ist ein komplexes, an die Universitäten angegliedertes und alle Schultypen gesondert berücksichtigendes System der öffentlichen Lehrerbildung überliefert, welches bereits die Richtung des für sämtliche zukünftigen Lehrer an staatlichen Schulen heute selbstverständlichen verpflichtenden Lehramtsstudiums weist.[26]

Anfang der 1760er Jahre schließlich brach sich Darjes' Erneuerungswille in der Realisierung einer zwischen Elementarschule und studienvorbereitender Anstalt angesiedelten Versuchsschule für die Bildungsbedürfnisse der breiten Mittelschicht Bahn. Mit Unterstützung der von ihm geleiteten Jenaer Freimaurerloge *Zu den drei Rosen* konnte Darjes auf seinem Freigut Camsdorf nahe Jena im Januar 1762 eine Realschule

---

24 Vgl. Darjes, *Cameral-Wissenschaften*, S. 395.
25 Vgl. Darjes, *Bielefelds Staatsklugheit*, S. 117, 2. Anmerkung.
26 Vgl. ebd., S. 116–119.

unter dem Namen *Rosenschule* eröffnen. Mittellose Mädchen und Jungen ab dem Schuleintrittsalter sollten dort kostenlos so lange untergebracht, versorgt, erzogen und unterrichtet werden, bis sie eine Lehrlings- oder Dienstbotenstelle annehmen konnten. Statt eines gewöhnlichen Elementarunterrichts hatte Darjes in der Versuchsschule eine besonders auf die „wirthschaftlichen Beschäftigungen" ausgerichtete Unterweisung vorgesehen. Sie sollte die Schülerinnen und Schüler nicht nur durch eine moralisch-religiöse Erziehung sittlich und durch eine grundlegende Allgemeinbildung lebenstüchtig machen, sondern sie darüber hinaus umfassend auf die ihnen später offenstehenden Tätigkeitsbereiche in Haus, Hof und Werkstatt vorbereiten. Da als ein wesentlicher Zug dieses Unterrichts die Möglichkeit zur praktischen Anwendung des Gelernten im eigenen Tätigsein bestehen sollte, wurden auf dem Schulgelände bald eine Näherei, eine Leinenweberei sowie eine mechanisch-optische Werkstatt eingerichtet, auch ein Feld erworben und Vieh angeschafft. Mit der Zeit sollte eine weitgehende wirtschaftliche Selbständigkeit der anfangs gänzlich von Spenden finanzierten Reformschule erreicht werden. Vor allem durch einfache produktive Handarbeiten hatten deshalb täglich alle Zöglinge ihren Beitrag zu leisten. Die erforderliche Anleitung erhielten sie vom Schulpersonal oder auch von anderen Fachleuten, beispielsweise einem Friseur oder einquartierten Soldaten, die Darjes bei jeder sich bietenden Gelegenheit für eine besondere Lehrstunde anstellte. Die beiden hauptamtlichen Lehrer der *Rosenschule* waren Akademiker und erteilten Unterricht in den zwei Klassen für Moral, Christentum und Lesen sowie in der Spezialklasse für angewandte Mathematik. Ob die Palette der angebotenen Unterrichtsinhalte später noch, wie ursprünglich geplant, auf Physik und Chemie sowie Ökonomie erweitert wurde, ist heute nicht mehr nachzuvollziehen. Überhaupt liegen die letzten Monate oder Jahre der Versuchsschule mangels Quellen im Dunkeln. Im Jahr 1763 nämlich bemühte sich Friedrich der Große persönlich mit einem äußerst lukrativen Angebot darum, den hoch angesehenen und prominenten Darjes an die Universität in Frankfurt an der Oder zu holen. Dieser folgte dem Ruf und übergab seine inzwischen florierende Realschule Ende September des Jahres der Obhut seines Freimaurerkollegen Gottlieb Joachim Becker (1725-1778) und seiner Mitstreiter – seitdem wurden keine Schulberichte mehr veröffentlicht. Ganz offensichtlich konnten die Verantwortlichen die *Rosenschule* in Abwesenheit ihres Gründers nicht auf Dauer erhalten.

Es war dieses Experiment, welches nach seiner Wiederentdeckung 1930 wiederholt von der Forschung gestreift wurde und das Interesse auch auf Darjes als Schulreformer zu lenken vermochte.[27] Insbesondere die ersten diesbezüglichen Untersuchungen beschränkten sich hinsichtlich des genutzten Quellenmaterials zwar gänzlich auf die beiden von Darjes selbst verfassten und bis heute leicht zugänglichen Druckschriften über die *Rosenschule*,[28] und gingen auch kaum über deren inhaltliche oder passagenweise wortwörtliche Wiedergabe hinaus; die Verfasser versuchten dabei jedoch bereits, diese Reformanstalt historisch einzuordnen und in ihrer Bedeutung zu würdigen. Im weiteren Verlauf zogen gewisse, aus den genannten Texten ablesbare Aspekte besondere Aufmerksamkeit auf sich, so die

---

27 Meinen Recherchen zufolge gibt es folgende zehn Aufsätze: **1)** Koch, H.: Die ‚Rosenschule' in Jena. 1930. **2)** Götze, O.: ‚Die Rosenschule bey Jena' *(1762-1764), eine freimaurerische Gründung d. 18. Jhs.* 1931. **3)** Ders.: *Die erste Thüringer Realschule (1762-1764).* 1931. **4)** Böhm, A.: *Die Rosenschule bei Jena.* 1953. **5)** Winkler, W.: *Die Pädagogik von Joachim Georg Darjes (1714-1791) und ihre Bedeutung für die Entwicklung der Arbeitserziehung.* 1963. **6)** Schöler, W.: *Geschichte des naturwissenschaftlichen Unterrichts im 17. bis 19. Jh.* 1970. **7)** Wölfle, E.-F.: *Joachim Georg Darjes' Rosenschule bei Jena.* 1979. **8)** Bauer, J./ Müller, G.: *Joachim Georg Darjes (1714-1791) – Aufklärer, Pädagoge und Freimaurer.* 1991. **9)** Kaupp, P.: *Professor Darjes und seine Rosenschule (1762-1764).* 1994. **10)** Ulbricht, G.: *Joachim Georg Darjes – Arbeitspädagoge der Aufklärung.* 1997. Siehe Literaturverzeichnis.
28 Darjes, Entwurf; Ders., Das erste Jahr.

womöglich in dieser Modellschule praktizierte Erziehung zur Arbeit durch Arbeit und der geplante und in Teilen verwirklichte mathematisch-naturwissenschaftliche Unterricht.[29] Die fundamentale Bedeutung des freimaurerischen Engagements für das tatsächliche Zustandekommen und den finanziellen Erhalt der Anstalt konnte, obwohl die sich bereits im Namen manifestierende Verbindung der *Rosenschule* zur Jenaer Loge *Zu den drei Rosen* auch außerhalb des Freimaurerbundes schon früh bekannt war, erst vor gut zwanzig Jahren anhand von Aktenbeständen nachgewiesen werden.[30] Deutlich wird, dass das Camsdorfer Realschulprojekt und damit Darjes' Wirken als Erziehungswissenschaftler und (Reform-)Pädagoge der Aufklärung nur in Teilaspekten, noch nicht aber als Ganzes näher beleuchtet und untersucht worden ist. Dies dürfte vor allem auf die Quellenlage zurückzuführen sein: Während die beiden gedruckten Schulschriften in mehreren Exemplaren zur Verfügung stehen und leicht zugänglich sind, bedeutet die Nutzung der Aktenbestände in Weimar und Potsdam einen deutlich erhöhten Aufwand, welchen bisher offenbar nur Bauer für seine Veröffentlichungen betrieben hat; eine Suche nach den Büchern, die über Schüler, Personal und die Angelegenheiten der *Rosenschule* geführt worden sein müssen, verläuft zudem ins Leere. Doch lassen sich, wie im Folgenden zu sehen sein wird, einige weitere Quellen auftun, welche die bekannten Informationen präzisieren und ergänzen können. Der hier vorliegende Band versammelt ungekürzt alle von der Verfasserin im Rahmen ihrer Dissertation recherchierten gedruckten und handschriftlichen zeitgenössischen Texte, die unmittelbar mit der Darjesischen Versuchsschule in Zusammenhang stehen. Die fünf in der chronologischen Reihenfolge ihrer Entstehung

---

29 Vgl. Winkler, *Pädagogik von Darjes*; Ulbricht, *Darjes Arbeitspädagoge*; Schöler, *Naturwissenschaftlicher Unterricht*.
30 Vgl. Götze, *Thüringer Realschule*; Bauer/Müller, *Darjes Aufklärer*.

aufgenommenen Druckschriften des ersten Teils werden dabei durch umfangreiches Archivmaterial ergänzt, welches wesentliche Hintergründe offenlegt.

Am Anfang steht unter 1.1 die offizielle Ankündigung des geplanten Schulversuchs, der *Entwurf einer Real-Schule zur Erziehung armer Kinder, zum Nutzen der wirthschaftlichen Beschäftigungen durch Joachim Georg Darjes*, welcher im Dezember 1761 verbreitet wurde; auch französischsprachige Exemplare kursierten unter dem Titel *Projet D'Une École Économique de Charité pour l'éducation de pauvres Enfants à l'avantage des affaires économique par Joachim George Daries*. Ohne auf diesen acht Oktavseiten bereits die tatsächliche Umsetzung in ihren Details zu konkretisieren, gab der Jenaer Gelehrte darin seine Absicht bekannt, mit der Erlaubnis der Landesherrschaft eine Realschule zu gründen, die den Namen „die RosenSchule bey Jena"[31] tragen solle. Auch die mit der Anstalt verfolgten und bereits im Titel umrissenen speziellen Ausbildungsziele erklärte Darjes näher, indem er zunächst die Formulierung „zum Nutzen der wirthschaftlichen Beschäftigungen" aufschlüsselte: Vermittelt werden sollte landwirtschaftliches, stadtwirtschaftliches und wirtschaftlich-propädeutisches Wissen und Können, an welchem es den Menschen, die zu praktischen Tätigkeiten in Haus, Hof und Gewerken eingesetzt werden sollten, zum allgemeinen Schaden üblicherweise vollkommen fehle. Die Ursachen dafür aber lägen einerseits in ungenügender Einsicht der Heranwachsenden in ihre moralische Verpflichtung gegenüber der Gemeinschaft, andererseits in ungenügender und unzweckmäßiger Bildung. Aus diesen Punkten leitete Darjes in § 7 des *Entwurfs* die Erfordernisse für das Erziehungs- und Unterrichtskonzept der neu zu gründenden Realschule her: Die Zielgruppe sollte erstens ganz auf spätere männliche und

---

31 Darjes, *Entwurf*, S. 8.

weibliche Dienstboten, Gehilfen und Wirtschafter beschränkt bleiben; es sollte zweitens einen vorgeschalteten, sowohl sittlich-religiös als auch wirtschaftlich-propädeutisch allgemeinbildenden Unterricht für alle Zöglinge geben; drittens konnte sich ein spezieller Unterricht mit geschlechterspezifischer Schwerpunktsetzung anschließen; und viertens sollte diese Schulausbildung nach erfolgter Berufswahl mit einem intensiv berufsvorbereitenden Unterricht abschließen. Damit entsprach der Gelehrte seiner oben dargelegten Forderung nach einer Erziehung zu Tugend und Brauchbarkeit. In einem zweiten Kapitel ließ Darjes, der auf Lebzeiten die Aufsicht über die Schule zu übernehmen versprach, Einzelheiten zur Verwaltung und zu den – hauptsächlich finanziellen – Rahmenbedingungen folgen. Die Verantwortung sollte demnach mit einem Hilfsinspektor geteilt werden, dem auch das Führen verschiedener Bücher und Verzeichnisse über die Schule sowie ein Mitspracherecht in Personalfragen zukam. Die Frage der Finanzierung betreffend konnte Darjes selbst nicht auf ein ausreichend großes Vermögen zurückgreifen, seine „Glücksumstände" waren „zu schwach, ein solches Werk auszuführen".[32] Der Unterhalt für die aufzunehmenden Zöglinge, die Kosten für das Personal und alle sonstigen Ausgaben sollten deshalb vor allem aus den erhofften Spenden mildtätiger Privatpersonen gedeckt werden; außerdem waren Erlöse aus vereinzelt zahlbaren Schulgeldern und aus der produktiven Arbeit der Kinder in eigens dafür zu errichtenden Werkstätten und Fabriken vorgesehen. Auch der Erwerb von Ländereien zur Selbstversorgung war geplant. „Die Umstände, die sich bey der Ausführung zufällig ereignen", so behielt sich der Stifter vor, „werden alle Stücke so bestimmen, daß diese Absicht unter der Führung Gottes zum Nutzen der menschlichen Gesellschaft erreicht werden könne."[33] Dieser

---

32 Darjes, *Bielefelds Staatsklugheit*, S. 36.
33 Darjes, *Entwurf*, S. 6.

zur Information und Werbung an die Öffentlichkeit gerichtete Schulplan, welcher sicherlich gratis verteilt wurde, ist noch in mehreren Exemplaren in deutscher und französischer Sprache erhalten. Verwendet wurde er nachweislich insbesondere als Beilage in Briefen oder als Informationsmaterial zur Vorlage in Versammlungen, wie weiter unten zu sehen sein wird.

Die geplante Eröffnung der Versuchsschule hatte Darjes nicht in öffentlichen Zeitungen annonciert, was angesichts der Abhängigkeit dieses Unternehmens von Spendengeldern überrascht. Dieser Schritt wurde allerdings nachgeholt, sobald Tatsachen geschaffen waren: Im vierzehnten Stück der *Hallische(n) Zeitungen* vom 18. Januar 1762 erschien ein Bericht über die Eröffnung und die damalige Verfassung der *Rosenschule*, welcher unter 1.2 Aufnahme in diese Sammlung fand. Ein nahezu identischer Text war im zweiten Stück der Erfurter historisch-politischen Zeitung *Neuer historischer Schauplaz aller vorfallenden Begebenheiten im Staat, der Kirche, der gelehrten Welt, und dem Naturreich* abgedruckt worden – die wenigen Unterschiede im Wortlaut sind in der Edition angemerkt. Dass auch die Zeitungen in Jena eine entsprechende Meldung brachten, ist dem Aufsatz Christian Reicharts zu entnehmen[34] – ein Exemplar der dreimal wöchentlich erscheinenden *Privilegirte(n) Jenaische(n) Zeitungen* vom Januar 1762 war zwar nicht ausfindig zu machen, doch annoncierte die Gollnerische Buchhandlung im Folgejahr darin den Verkauf des ersten Jahresberichts über die *Rosenschule*.[35] Vermutlich wird das Jenaer Publikum über die Schuleröffnung den gleichen Artikel gelesen haben wie das in Halle und Erfurt. Im nur gut zwanzig Kilometer entfernten Weimar hingegen scheint erstaunlicherweise nicht über die Gründung einer Reformschule in Camsdorf berichtet worden zu sein – jedenfalls finden sich in den *Weimarische(n) wöchentliche(n) Anzeigen* darüber

---

34 Vgl. Reichart, *Sollte wohl*, S. 305.
35 Vgl. *Privilegirte Jenaische Zeitungen* Jg. 1763, Nr. 66.

keinerlei Nachrichten, ja, nicht einmal die im August 1762 abgedruckte Zusammenfassung einer Rede über Realschulen wurde mit einer diesbezüglichen Bemerkung versehen.[36] Auch für Eisenach lässt sich, zumindest in den damals erscheinenden und heute noch einsehbaren *Eisenachische(n) Wöchentliche(n) Policey- und Commercien Nachrichten* vom Januar 1762, kein Hinweis auf die Eröffnung der *Rosenschule* ausmachen.[37] Bei den beiden vorliegenden Texten aus Halle und Erfurt handelt es sich ganz offensichtlich nicht um Augenzeugenberichte Dritter, sondern vielmehr um eine offizielle Pressemitteilung, welche Darjes vermutlich selbst verfasst hat. Im Text wird der Inhalt des Darjesischen Schulplans *Entwurf einer Real-Schule* knapp wiedergegeben, darüber hinaus aber auch die Eröffnung der Anstalt und die weiteren Entwicklungen während der ersten Woche ihres Betriebs beschrieben. Der Wortlaut ähnelt dabei übrigens deutlich den betreffenden Passagen des später von dem Jenaer Professor verfassten und Anfang 1763 veröffentlichten Schulberichts *Das erste Jahr der Real-Schule*, was im Falle der Zeitungsmeldungen eine bei Darjes vermutete Urheberschaft zusätzlich plausibel macht. Die Leser erfuhren über die Eröffnung der *Rosenschule*, dass Darjes am 10. Januar 1762 drei Mädchen und sechs Jungen, gekleidet in eigens angefertigte Schuluniformen, vom Schulwärter zum Gottesdienst des Pfarrers Schmidt nach Wenigenjena und anschließend in das vorläufige Schulhaus nach Camsdorf führen ließ. Inzwischen seien weitere Kinder angenommen und auch ein Lehrer nebst einer Näherin eingestellt worden. Der weitere

---

36 Vgl. Meyer/Schrön, *Weimarische Anzeigen* 1762, N. 33, S. 132. Der Generalsuperintendent Siegmund Basch (1700–1771) hatte als Ephorus des Gymnasiums „von den Versuchen zu einer Real-Schule, welche Herzog Ernst der Fromme, bereits vor hundert Jahren gemacht" hatte, gesprochen. Trotzdem die Weimarer Zeitungen die *Rosenschule* – vermutlich aus heute nur noch schwer zu rekonstruierenden Rivalitäten – ignorierten, darf wegen der engen Kontakte eine Unkenntnis des Experiments für die dortigen Bewohner getrost ausgeschlossen werden.

37 Auskunft des Stadtarchiv Eisenach.

Plan sehe vor, vier Klassen einzurichten, von denen die sogenannte ‚moralische Classe' als die erste einen elementaren Unterricht in Lesen und Schreiben sowie Sitten- und Christenlehre
abdecken solle. Die zweite, ‚mathematische Classe' werde dem
anwendungsorientierten Mathematikunterricht vorbehalten
sein, eine dritte sogenannte ‚oeconomische Classe' hingegen solle die Kinder in die theoretischen Grundregeln und die praktischen Kenntnisse des vernünftigen Wirtschaftens einführen. In
der vierten schließlich, der ‚physikalischen Classe', würde das in
Wirtschaftsdingen erforderliche Wissen aus den Naturwissenschaften angeboten werden. Nicht alle Klassen müssten demnach von jedem Kind durchlaufen, sondern sollten den Neigungen gemäß ausgewählt werden. Stets aber solle die praktische
Übung und Anwendung des Gelernten Bestandteil des Unterrichts sein. Auch auf die vorgesehenen Quellen zur Finanzierung der Versuchsschule wurde das Publikum in den Zeitungen
hingewiesen. Mit dem Artikel liegt ein weiterer Nachweis dafür
vor, dass die (gebildete) Öffentlichkeit gezielt und ausführlich
über den Schulversuch informiert worden ist. Auch lassen die
Erscheinungsorte Aussagen darüber zu, wie weit die Kenntnis
des Schulversuchs geographisch mindestens verbreitet gewesen
sein muss; insbesondere über Halle, in der frühen Aufklärungszeit eine regelrechte ‚Kaderschmiede' der Schulreformer, dürfte
Darjes' Modell seinen Weg in weitere deutschsprachige Gebiete
gefunden haben.

Etwa zwei Monate nach der Eröffnung der *Rosenschule* war in
der Güthischen Buchhandlung in Jena ein weiteres mit diesem
Ereignis im Zusammenhang stehendes Heftchen erhältlich,
welches allerdings nicht von Darjes stammte: Anfang Februar
1762 erschien die hier unter 1.3 abgedruckte Predigt *Jesus als das
beste Muster wohlerzogener Söhne und Töchter* des Geistlichen Johann Georg Schmidt[38] (1723–1794) im Druck. Magister Schmidt,

---

38 Zu Schmidt vgl. Zahn, *Pfarrer Jena*, S. 42f., 47, 58.

Sohn eines Kupferschmieds, war im Jahr 1761 als Pfarrer der beiden Gemeinden Wenigenjena und Camsdorf eingesetzt worden. Seine Ausbildung hatte er auf dem Nordhäuser Gymnasium und ab dem Sommersemester 1746 an der Universität Jena erhalten[39] – in diesen Jahren hörte er Vorlesungen bei Darjes und wird so vielleicht schon früh von dessen Reformschulidee erfahren haben. Nach seinem Studienabschluss 1752 wurde Schmidt Pfarrer an der Jenaer Garnisonskirche, der heutigen Friedenskirche, 1756 wechselte er auf die Pfarrstelle nach Löberschütz. In dieser Funktion predigte er am Adventssonntag 1760 in der Jenaer Stadtkirche,[40] wo ihn auch Darjes gehört haben wird. Sein Amt in Camsdorf und Wenigenjena, ebenso wie die Adjunktur der Jenaischen Superintendentur in der Unterpflege, hatte Schmidt inne, bis er als zweiter Pfarrer und Stellvertreter des Superintendenten Samuel Gottfried Zickler nach Bürgel berufen wurde, wo er schließlich ab 1782 bis zu seinem Tod als Pfarrer und Superintendent wirkte. Obwohl zweimal verheiratet, blieb er kinderlos. Im Rahmen seiner Amtstätigkeiten jedoch befasste er sich zumindest theoretisch mit Erziehungsfragen, wie die hier aufgenommene Predigt zeigt. Schmidt hatte sie im Gottesdienst vom 10. Januar 1762, an welchem erstmals Schüler der *Rosenschule* teilnahmen und die Anstalt eingesegnet wurde, gehalten und auf Darjes' Wunsch hin[41] mit einem kurzen Vorwort versehen drucken lassen. Als zuständigem Gemeindepfarrer oblag ihm als einzigem die gewissermaßen amtliche Kontrolle über das Wohlergehen und die sittlich-religiöse Bildung der *Rosenschul*-Zöglinge, und er hoffte, so betonte er in der Vorrede, diese mit seinen wöchentlichen Predigten günstig beeinflussen zu können. Am besagten Tag nun richtete er sich mit einem Thema an seine Gemeinde, welches

---

39 Immatrikuliert am 4. Mai 1746, vgl. *Matrikel Jena*.
40 Vgl. Schmidt, *Zions Aufmerksamkeit*.
41 Vgl. Darjes, *Das erste Jahr*, S. 6.

anlässlich der Eröffnung einer Institution zur Erziehung und Bildung von Kindern und Jugendlichen passender kaum hätte sein können: Er stellte – die anwesenden Kinder, vor allem aber deren Eltern und Erzieher damit mahnend – den zwölfjährigen Jesus als ein „nachahmungswürdiges Beyspiel wohlgearteter Kinder" vor.[42] Dieser, so wird im ersten Teil der Predigt dargestellt, erlangte nämlich zunehmend gleichermaßen „Weisheit, Alter und Gnade bey Gott und den Menschen".[43] Im zweiten Teil machte Schmidt deutlich, dass für einen solchen Zuwachs bei einem jeden Kind zu sorgen sei und wie dies bewerkstelligt werden könne. Die Erziehungsberechtigten sollten demnach die Heranwachsenden beizeiten zur Schule schicken und ihnen guten Unterricht im Christentum verschaffen. Erforderlich nämlich sei es, „den Verstand junger Gemüther zu bessern und den Willen zum Guten zu lenken", außerdem aber die Kinder zu Gehorsam und „Unterthänigkeit" gegenüber ihren Erziehern und Vorgesetzten zu führen.[44] Die sich an alle Eltern und Erzieher richtende Erinnerung, dass Gott einem jeden seine Kinder ebenso zur Pflege und (frommen) Erziehung anvertraut habe, wie dem Joseph das Jesuskind,[45] nahm Darjes besonders in die Pflicht, hatte er doch als Stifter einer Schule mit Waisenhauscharakter quasi das Amt eines Pflegevaters für mehrere Kinder übernommen. Auf die richtige Weise und nicht zuletzt durch das bewusst einzusetzende gute Vorbild der Älteren erzogen und gebildet, so Magister Schmidt weiter, würden die Heranwachsenden schließlich „in allen Ständen brauchbar und lern(t)en den Nutzen derer befördern, welchen sie nächst Gott ihre Wohlfarth zu danken haben".[46] Insbesondere diese letzte Formulierung macht deutlich, dass der Prediger Darjes'

---

42 Schmidt, *Jesus als Muster*, S. 5.
43 Ebd.
44 Ebd., S. 11f.
45 Vgl. ebd., S. 14.
46 Ebd., S. 12f.

aufklärerisches Ideal einer Erziehung zu Tugend und Brauchbarkeit teilte, auch wenn er freilich den Akzent stärker auf die christlich-religiöse Unterweisung setzte. Dem Einsatz des Professors jedenfalls schien er Achtung und Wohlwollen entgegenzubringen, wie aus seinen guten Wünschen für das Gelingen des Projekts zu erkennen ist. Seine in der Predigt geäußerten Ansichten über eine vernünftige Kindererziehung dürften die öffentliche Idee von den Anliegen der *Rosenschule* mit geprägt haben: Schmidt schrieb in der Vorrede, der Gottesdienst sei anlässlich der Schuleröffnung außergewöhnlich gut besucht gewesen. Diese offenkundige Neugierde und Anteilnahme der Mitbürger am Darjesischen Projekt bezeugt übrigens in aller Deutlichkeit dessen Präsenz in der Öffentlichkeit von Jena und dem Umland.

Der auf die Predigt folgende Text 1.4, *Sollte wohl ein Erfurter klagen können, über den Mangel der Schulen*, ist einer Sammlung von mehr als dreißig deutschen Aufsätzen entnommen, welche der erwähnte Christian Reichart[47] unter dem Titel *Gemischte Schriften* 1762 in Erfurt veröffentlicht hatte.[48] Thematisiert wurden darin fast ausschließlich land- und gartenbauliche Angelegenheiten, doch berichtete der Verfasser beispielsweise auch über das Jubiläum des Ratsgymnasiums oder über die auf seine persönliche Anregung hin eingerichtete Kunst-, Antiquitäten- und Naturalienkammer des evangelischen Waisenhauses in Erfurt. Der vielseitig und hervorragend gebildete Reichart war nach dem Abschluss seines Studiums der Jurisprudenz in Erfurt und Jena in verschiedenen öffentlichen und gemeinnützigen

---

47 Zu Reichart vgl. Müller, *Reichart*; Gutsche, *Begründer*.
48 Oft stellen die Aufsätze Ergänzungen zu seinem höchst populären mehrbändigen Werk *Land- und Gartenschatz* dar. Aufgenommen ist S. 479–506 auch ein Schreiben des Hofgärtners in Arnstadt, Johann David Timmen, über dessen „zufällige Gedanken und Vorschläge, wie man unfruchtbare Berge und Ränder auf eine leichte Art nutzbar machen könne".

Ämtern tätig, so unter anderem als Kirchen-, Schul- und Waisenhausinspektor, als Organist, als Stadtchronist und ab 1752 als zweiter Ratsmeister. Unterstützt durch seinen Stiefvater hatte er sich Kenntnisse in Landwirtschaft und Gartenbau angeeignet und die Erfurter Ländereien seiner Familie systematisch für Versuche vor allem im Gemüsebau genutzt. Wie Darjes dem Ideal des sowohl wissenschaftlich gebildeten wie praktisch erfahrenen Landwirts folgend, erfand Reichart zahlreiche Gerätschaften und entwickelte landwirtschaftliche Methoden weiter, worüber er dem gebildeten Publikum in verschiedenen agrarökonomischen Schriften berichtete. Durch sein ab 1753 in sechs Bänden herausgegebenes Hauptwerk *Christian Reicharts Land und Garten-Schatz*[49] gelangte er zu weitreichender Berühmtheit. Ab Mitte der 1750er Jahre gab er seine Erfahrungen auch an Darjes weiter, der, wie er selbst, der *Akademie nützlicher Wissenschaften zu Erfurt* angehörte – im Februar 1757 verheiratete sich der Jenaer Professor schließlich in zweiter Ehe mit Reicharts jüngster Tochter Martha Friederike (1737–1794). Es kann somit davon ausgegangen werden, dass Reichart Darjes' kritische Ansichten über das Schulsystem und seinen Plan einer Realschule im Wesentlichen kannte; vielleicht hat der materiell gut gestellte Ratsmeister seinen Schwiegersohn selbst bei der Schulgründung finanziell unterstützt.[50] Seine hier aufgenommene kleine Abhandlung über Realschulen ist unmittelbar nach der Eröffnung der *Rosenschule* entstanden. Reichart machte darin die Idee und den Nutzen solcher Anstalten begreiflich und wies auf ihr empfindlich spürbares Fehlen in der regionalen Schullandschaft hin. Mit direktem Verweis auf Darjes teilte er dann ab § 10 dessen Entwurf einer Realschule in seinen

---

49 Vgl. Reichart, *Land- und Garten-Schatzes. ... Theil*. Es erschienen zahlreiche weitere und neue Auflagen.

50 Im Schulbericht erwähnte Darjes eine jährliche Spendenzusage „aus E. von einem guten Freunde", womit vielleicht Reichart gemeint war (Darjes, *Das erste Jahr*, S. 11).

wesentlichen Zügen mit und gab die tatsächliche Eröffnung der *Rosenschule* in Camsdorf nach den Zeitungsmeldungen aus Halle und Jena[51] bekannt. Mit konkreten Informationen über den Schulversuch, welche die hier zuvor schon besprochenen Texte inhaltlich ergänzen könnten, wartet diese Schrift nicht auf. Dennoch ist sie bemerkenswert und für diese Edition in verschiedenen Hinsichten interessant. Zunächst deutet sie an, welche Relevanz die Person des Schulstifters und die sich an diese anknüpfenden Netzwerke für das gesamte Projekt hatten: Dass sich Reichart, der ein überaus angesehenes Mitglied der Erfurter Gesellschaft war und als prominenter Schriftsteller ein großes Publikum erreichte, für das Darjesische Vorhaben verwendete, ist auf die (familiäre) Verbindung zurückzuführen, in welcher die beiden Männer standen. Über solche gewissermaßen inoffiziellen Wege konnte die Kenntnis der *Rosenschule* rasch eine weitere Verbreitung finden und damit zusammenhängend den Zufluss von Spenden vermehren, von dem die Anstalt gerade in ihrer Gründungsphase gänzlich abhängig war. Den Zweck der Werbung verfolgte Reichart in seinem Aufsatz sehr wahrscheinlich mit, doch bettete er die Mitteilungen über die *Rosenschule* in einen größeren Rahmen ein. Kurzweilig und aufschlussreich, in einem zum Teil fast volkstümlich anmutenden Ton, wurde die (kameralwissenschaftlich interessierte) Leserschaft zugleich über das niedere Schulwesen und das evangelische Waisenhaus in Erfurt informiert. Mittels rhetorischer Fragen griff der Verfasser zudem die Diskussion um den Sinn und Nutzen von Realschulen auf, wobei er seine eigenen Ansichten einbrachte. Gleich Darjes übertrug Reichart dabei den für die Zeit typischen Nützlichkeitsgedanken auf den Bildungsbereich: Die „mehrsten Theile unserer Erkenntnis", so heißt es in der Anhandlung, müssten „uns zur Beschäftigung

---

51 Um den im Erfurter *Neue(n) hinstorische(n) Schauplatz* erschienen Artikel schien Reichart nicht zu wissen.

führen", da anderenfalls „die menschliche Gesellschaft ... davon keinen Nutzen" haben würde, „welchen doch ein vernünftiger Mensch nie aus den Augen" verlieren dürfe.[52] Indem er ihnen die allgemein bekannten, zahllosen Unbequemlichkeiten und Probleme der Herrschaften mit unqualifizierten Dienstboten ins Gedächtnis rief, verdeutlichte Reichart seinen Lesern den Vorteil von Realschulen, in welchen das zukünftige Gesinde auf die später von ihm auszuführenden Tätigkeiten grundsätzlich vorbereitet und also für seinen Stand zweckmäßig ausgebildet werden sollte. Als einer von wenigen machte er auf den doppelten Nutzen solcher Realschul-Absolventen aufmerksam: Sie seien nämlich nicht nur dienstfertig, sondern könnten darüber hinaus jederzeit andere Dienstboten oder selbst die Hausmutter zu verschiedenen Handgriffen und Arbeiten anleiten, wie an passender Stelle einige Anekdoten illustrierten. Auf zwei dieser Geschichtchen, unter deren Auslassung weder der Informationsgehalt noch die Eigenart dieses lesenswerten Textes zu leiden hat, wurde bei der Wiedergabe übrigens verzichtet. Es überrascht, dass der augenscheinlich mit der Materie vertraute Reichart auch den Waisenhäusern in Erfurt und Leipzig gewissermaßen den Status einer Realschule zuerkannte, weil dort von den Zöglingen neben dem Elementarunterricht auch Wolle verarbeitet wurde – das Grundanliegen des von ihm ausführlich vorgestellten Darjesischen Realschulkonzepts aber teilten solche Anstalt nicht. Die Abhandlung verdeutlicht, dass der Themenkreis von öffentlicher Bildung und Schulreform nicht nur in den Diskussionen der Experten gegenwärtig war, sondern ganz allgemein unter den Angehörigen der gebildeteren Schichten für Gesprächsstoff sorgte. Mit ihrer Fülle an Informationen konnte sie vor allem einen Beitrag zur Allgemeinbildung des zeitgenössischen Publikums leisten.

---

52 Reichart, *Sollte wohl*, S. 292.

Den Großteil der heute bekannten Einzelheiten über die *Rosenschule* lieferte Darjes 1763 selbst in seinem ersten Schulbericht *Das erste Jahr der Real-Schule die den Namen die Rosen-Schule bey Jena führet,* hier unter 1.5, den abzuliefern er in seiner Ankündigung versprochen hatte. Diese Schilderung sollte vordergründig der sachlichen Information des Publikums dienen, doch ist zu bedenken, dass es den gegebenen Umständen nach günstig erscheinen musste, ein möglichst positives Bild der Unternehmung zu zeichnen: Das außergewöhnliche Projekt *Rosenschule* wurde sicherlich mit großer Aufmerksamkeit, vielfach wohl auch mit Skepsis beobachtet – eventuelle Zweifler und Gegner konnten einzig mit überzeugenden Erfolgen eines Besseren belehrt werden. Ebenso waren alle Unterstützer des Schulversuchs, deren Zutrauen in den Stifter sich zum Teil bereits in Spenden geäußert hatte, in ihrer Überzeugung zu bestätigen und zu weiterer Förderung zu ermuntern. Aus diesem Grund ist anzunehmen, dass der Inhalt des Jahresberichts zwar prinzipiell der Wahrheit entsprochen haben dürfte, dass sich in der Realität jedoch nicht alles so günstig und problemlos zusammengefügt hatte, wie es der in einem durchweg optimistisch gehaltenen Ton abgefasste Text darstellt. So beteuerte Darjes beispielsweise in § 11, bezogen auf die finanzielle Situation der *Rosenschule,* die „Güthe Gottes" habe ihn „bey (s)einen Veranstaltungen keine Noth leiden lassen";[53] eine Aussage, die schon angesichts des zu dieser Zeit herrschenden *Siebenjährigen Krieges* (1756–1763) zumindest mit Vorsicht aufgenommen werden sollte. Dessen ungeachtet enthält der Bericht eine Fülle an Einzelheiten, welche dem Schulversuch in seiner Anfangsphase eine beachtliche Entwicklung bescheinigen. Zunächst wird mit dem 22. Dezember 1761 das konkrete Datum benannt, an welchem von Weimar die Genehmigung zur Schulgründung erteilt worden war. Trotz der folgenden Weihnachts- und Neu-

---

53 Darjes, *Das erste Jahr,* S. 6.

jahrsfeierlichkeiten also wurde der Schulplan in kürzester Zeit publiziert und die Schule nach nicht einmal drei Wochen bereits offiziell eröffnet, was auf umfassende und gründliche Vorbereitungen schließen lässt – zumindest gedanklich hatte sich Darjes, wie er im *Entwurf* schrieb, damit auch bereits „seit vielen Jahren beschäftigt"[54]. Die Konzession ist dem Bericht als Anlage im Wortlaut beigefügt,[55] sodass den Lesern damit nicht nur der offizielle Charakter des Projekts, sondern auch sämtliche zu erfüllende Auflagen bekannt waren. So hatte sich die Landesherrschaft die Rechtssprechung, die Prüfung der Lehrer und gelegentliche Schulvisitationen vorbehalten, und außerdem verfügt, dass finanzielle Einbußen, sofern solche den bereits ansässigen Schulen und Lehrern mit dem Betrieb der *Rosenschule* entstünden, aus einem Schulfonds zu ersetzen waren. Im Bericht selbst eröffnete Darjes eingangs seine bereits aus den Zeitungsmeldungen bekannten Pläne, vier spezielle Klassen zum Unterricht der Zöglinge einzurichten, wobei hierunter keine Jahrgangsklassen oder Leistungsstufen, sondern Schulfächer im weitesten Sinne zu verstehen sind. Der Idee des Gründers zufolge stellte die bereits eröffnete ‚moralische Classe' eine allgemeinbildende Grundstufe für alle Schülerinnen und Schüler dar, je nach Neigung und Eignung sollte sich daran dann der Besuch der ‚mathematischen', der ‚oeconomischen' oder der ‚physicalischen Classe' anschließen können. Jeder theoretische Unterricht würde dabei mit praktischen Versuchen und Übungen für die Schülerinnen und Schüler verbunden werden. Hinsichtlich der angemessenen Bekleidung und Verköstigung seiner Zöglinge hatte Darjes ebenfalls ganz konkrete Festlegungen getroffen, welche er in den Paragraphen fünf und sechs bekannt gab. Wie im Weiteren zu erfahren ist, begannen sofort nach Eingang der Konzession die Vorbereitungen

---

54 Darjes, *Entwurf*, S. 2.
55 Vgl. Darjes, *Das erste Jahr*, S. 15f.

zur Eröffnung der Schule: Der auf dem Freigut Camsdorf befindliche Gasthof, erst *Der grüne Baum*, ab etwa 1750 *Tanne*, heute *Grüne Tanne* genannt,[56] wurde als Schul- und Internatsgebäude hergerichtet. Am 3. Januar stellte Darjes dann seinen Gutsverwalter Schubert samt Frau als erste Bedienstete der *Rosenschule* ein – in den Kirchenbüchern sind tatsächlich ein Johann Christoph Schubert, der erst als Gutsverwalter in Camsdorf und später als „Schulverwalter auf der RosenSchule" tätig war, und seine Frau Maria Elisabetha verzeichnet.[57] Am Folgetag und damit fast eine Woche vor der offiziellen Eröffnung nahm Darjes die ersten neun Kinder auf, die von der Verwaltersfrau und einer zusätzlich eingestellten Schulaufwärterin zu versorgen waren. Über den dann geschilderten Ablauf des Eröffnungstages war die Öffentlichkeit spätestens mit den Zeitungsmeldungen und Adjunkt Schmidts Publikation bereits informiert. In seinem Bericht wandte sich Darjes nun der durchaus heiklen Frage der Finanzierung zu, wobei er sich, auf Gottes Beistand vertrauend, völlig unbeeindruckt von den anfänglichen Bedenken seiner Mitbürger gab. Wie er betonte, hatte sich ja inzwischen erwiesen, dass diese unbegründet waren. Zum Beweis ließ er eine Aufzählung der ersten Spendenzahlungen ebenso wie die anonymisiert veröffentlichten Zusagen regelmäßiger finanzieller Förderungen folgen. Abgesehen von gespendetem Material, etwa Wolle, waren an Geldern 2269 Taler und sechzehn Groschen im Verlauf des ersten Schuljahres zusammengekommen, davon 296 Taler schon vor der Eröffnung der Schule[58]. Zu diesem Zeitpunkt, so berichtete Darjes weiter, hatte auch bereits ein Theologiestudent namens Wilhelm Leberecht Kettembeil (1738–1763) eingewilligt, die Stelle

---

56 Vgl. Schauer, *Urkundliche Geschichte*, S. 8, 30ff.
57 Die Schuberts waren Eltern zweier am 24. August 1761 und am 27. April 1763 geborener Kinder. Vgl. AKirchJ, Kirchenbücher, Taufen 1761, 1763. Vgl. auch Zahn, *Kirchenbücher*, S. 116.
58 Darjes, *Das erste Jahr*, S. 14, 7.

eines Hofmeisters an der Rosenschule zu übernehmen, und dieses Amt nach seinem obligatorischen Examen in Weimar am 20. Februar tatsächlich angetreten. Der Sohn des Bretlebener Pfarrers Georg Christian Kettembeil und seiner Frau, Helene Christina Gander, hatte sein Theologiestudium in Jena am 27. November 1759 aufgenommen – Darjes dürfte auf ihn aufmerksam geworden sein, als eine seiner Cousinen im Mai 1761 einen Bruder der Frau Darjes heiratete.[59] Allerdings war Kettembeil nur gut ein Jahr als Hofmeister der Rosenschule tätig: Wenige Monate nach der Veröffentlichung des Schulberichts, im April 1763, starb er mit erst 24 Jahren. Seine Aufgabe war die sittlich-religiöse Bildung und Erziehung der Schülerinnen und Schüler einschließlich der Unterweisung im Lesen, während der sicherlich nicht akademisch gebildete Verwalter für den Unterricht im Schreiben und in einfachen Handarbeiten zur Verfügung stand – die allgemeine Aufsicht oblag beiden Männern gemeinsam. Die Zahl der Zöglinge war innerhalb des ersten Jahres bis auf 30 angestiegen. Ein Perückenmacher unterwies einige Knaben im Frisieren, welche dann für ein angenehmes Erscheinungsbild der übrigen zu sorgen hatten und ihr Wissen an diese weitergaben. Für die Ausbildung der Mädchen war zudem gleich nach der Eröffnung eine Näherin zuerst stundenweise, bald aber fest eingestellt worden, sodass die Schule auch schon Näharbeiten verkaufen und entsprechende Aufträge annehmen konnte. Im Mai 1762 hatte Darjes zudem einige Kühe und Schweine und kurz darauf auch ein Feld für die Rosenschule erworben, womit einerseits ein grundlegender

---

59 Der Mediziner Christoph Wilhelm Emanuel Reichart ging am 2. Mai 1761 eine Ehe mit Johanna Sophia Regina Kettenbeil ein. Vater der Braut war Johann August Kettenbeil, ältester Bruder des Vaters von Wilhelm Lebrecht. Darjes' Frau Martha Friederica übrigens war Patin des zweiten Kindes (geb. 1765) aus dieser Ehe. Auskünfte aus dem Trau- und Taufbuch (1674–1805) der Reglergemeinde Erfurt. Vgl. auch Pfarrerbuch Sachsen, Matrikel Jena.

Schritt in Richtung Selbstversorgung getan war, andererseits aber auch die landwirtschaftliche Unterweisung der Zöglinge erweitert werden konnte. Um auch die benötigte Kleidung und andere Textilien weitgehend aus eigener Produktion zu erhalten, nutzte Darjes verschiedene Gelegenheiten, die Kinder im Wollspinnen anleiten zu lassen und verhandelte zudem, wie aus § 24 hervorgeht, mit einem Leinenweber wegen der Einrichtung einer schuleigenen Lehrwerkstatt. Im Juli, also ein gutes halbes Jahr nach der Schuleröffnung, konnte mit der Festanstellung eines Mathematiklehrers namens Cramer der erste regelmäßige Spezialunterricht für Jungen beginnen – zuvor waren bereits einige Zeichenstunden erteilt worden. Der aus Eisleben gebürtige Ludwig Ehrenfried Friedrich Cramer[60] (1733–1795), Sohn eines Dr. med. Friedrich Kramer, hatte ab 1755 in Jena Mathematik, Naturwissenschaften und Jurisprudenz studiert.[61] Dort pflegte er Mitgliedschaften in der *Teutsche(n) Gesellschaft* und in der Freimaurerloge. Darjes war mit dem fähigen jungen Mann sicherlich im Hause seines Schwagers Laurenz Johann Daniel Suckow (1722–1801) bekannt geworden, wo Cramer als Hauslehrer der Söhne arbeitete.[62] In der ‚mathematischen Classe' der *Rosenschule* unterrichtete er ausgewählte Knaben im Rechnen und Zeichnen sowie in der Herstellung von Linsen und optischen Geräten. Nachdem er ab dem Wintersemester 1763/64 als Privatdozent auch an der Jenaer Universität gelehrt hatte, ging Cramer im Jahr 1767 als Hofmeister nach Berlin. Später war er weiterhin als Lehrer an verschiedenen Orten angestellt, und verdiente sich schließlich seinen Unterhalt bis zu seinem Tod als Privatlehrer für Mathematik in Hannover. Im Jahr 1788 hatte er dort zwei Teile einer selbstver-

---

60 Auskunft der Evangelischen Kirchengemeinde St. Andreas-Nicolai-Petri/Pauli, Lutherstadt Eisleben. Vgl. außerdem Rotermund, *Gelehrtes Hannover*, S. 402; Meusel, *Schriftstellerlexikon*, Bd. 2, S. 211.
61 Immatrikuliert am 13. Mai 1755 (vgl. *Matrikel Jena*).
62 Vgl. UAJ, M 140, Bl. 5off.

fassten Zeitung mit dem Titel *Für die Policei* herausgegeben. Ein Kapitel des ersten Teils handelte „von den Lehranstalten bei Künsten und Handwerken", ihren Mängeln und Cramers diesbezüglichen Reformvorschlägen.[63] Darin riet er Jungen vor ihrem Eintritt in die Lehre den Besuch von Realschulen an, weil sie dort „Gelegenheit bek(ä)men, sich in unterschiedlichen Handarbeiten zu üben" und dabei sichtbar werde, „zu welcher Profession ihre Fähigkeiten und Neigungen vorzüglich hinzielen" – überdies sei ein Realschullehrer, der sämtliche Handwerke in ihren Grundlagen und nach ihren Arten systematisch überblicke und sich stets an dem übergeordneten Ausbildungsziel des „selbst erfindende(n) Künstler(s)" orientiere, der Jugend ein besserer Ratgeber, als ein Handwerksmeister, der nur sein eigenes Handwerk überschauen könne.[64] Überliefert ist in § 25 des ersten Jahresberichts über die *Rosenschule* auch der sehr aufschlussreiche Tagesablauf der Schülerinnen und Schüler. Deutlich wird beispielsweise aus den für die Körperhygiene, das Frisieren und das Kleiderreinigen festgesetzten Zeiten, dass Wert auf die Gesunderhaltung der Zöglinge und auf eine gewisse Gesundheitserziehung gelegt wurde – dies bestätigt auch die aus heutiger Sicht zwar einfache, aber ausgewogene Kost, welche Darjes bereits in § 6 genau beschrieben hatte. Dass sich selbst ein solcher Aspekt schlüssig aus den Theorien der Perfektibilität und des Utilitarismus ergab, eröffnet die Lektüre der Darjesischen *Sitten-Lehre:* Jeder, der den Erhalt seiner Gesundheit und die Erweiterung seiner körperlichen Kräfte und Fähigkeiten vernachlässigte, konnte nicht nur seinen Aufgaben nicht im bestmöglichen Maß nachkommen, er wirkte schlicht seiner leiblichen Vollkommenheit und damit Gottes Absichten entgegen.[65] Im Ganzen zeichnet sich der Tagesplan neben sei-

---

63 Cramer, *Policei*, S. 134–198.
64 Ebd., S. 141f.
65 Vgl. Darjes, *Sitten-Lehre*, S. 201–242.

ner festen Struktur durch einen der kindlichen Entwicklung zuträglichen Wechsel zwischen körperlicher und geistiger Tätigkeit aus. Zwar wurden die Kinder in einem aus heutiger Sicht beachtlichen Umfang zur Arbeit herangezogen, doch waren täglich auch zwei Spielstunden vorgesehen. Die Sonntage blieben für die Zöglinge ganz frei von Unterricht oder Arbeit, sie sollten ganz der religiösen Erbauung und der Erholung dienen. Über die aufgenommenen Kinder gab Darjes insgesamt nur äußerst spärlich Auskunft: Dem Schulplan zufolge sollte die Schülerschaft aus „armen Kindern" beiderlei Geschlechts gebildet werden, wohl gar aus Kindern, „die sich durch das Betteln ernähren" mussten, wenn Darjes sich an anderer Stelle auch die Option offenhielt, dass nicht alle „völlig arm" zu sein bräuchten.[66] Die schließlich wirklich angenommenen Schüler charakterisierte Darjes im Schulbericht wiederholt als „arme und von der Welt verlassen gewesene Kinder".[67] Offenkundige Armut also schien das wichtigste und vielleicht einzige Aufnahmekriterium zu sein. Im Schulbericht ist das Alter der ersten Zöglinge mit sieben bis zehn Jahren angegeben – diese „verlassene und zum Theil verhungerte Jugend" war größtenteils nur dürftig bekleidet, ihren Zustand beschrieb der Schulgründer als „völlig roh()", eine „ordentliche Lebensart" sei ihnen „ungewöhnlich()".[68] Die meisten hatten nie zuvor eine Schule besucht, nur zwei konnten ein wenig lesen. Ein Schülerverzeichnis konnte nicht ausfindig gemacht werden, doch waren den Kirchenbüchern von Wenigenjena und Camsdorf zwei konkrete Angaben zu entnehmen: Unter den im Jahr 1763 Bestatteten verzeichnen sie die zwölfjährige Magdalena Sybilla Schmid, ein vaterloses Mädchen aus Obercamsdorf, sowie den ebenso alten Johann Friedrich Petri aus Weimar mit dem Hinweis, sie

---

66 Darjes, *Entwurf*, Titel, S. 3, 5, 8.
67 Darjes, *Das erste Jahr*, S. 6, auch S. 8.
68 Vgl. Darjes, *Das erste Jahr*, S. 5, 7f.

seien „in der RosenSchule" verstorben.[69] Vermutlich befanden
sich weitere (Halb-)Waisen unter der Schülerschaft, deren Her-
kunftsgebiet sich, wie der Fall Petri zeigt, nicht auf Jena und die
umliegenden Gemeinden beschränkte. Hinsichtlich der ganz
offensichtlich praktizierten Armenfürsorge ist die *Rosenschule*
auch in den Kontext von gemischten Armen- und Waisenhaus-
schulen zu stellen. Mit dem ersten und einzigen erschienenen
Jahresbericht ist die Reihe der zeitgenössischen Druckschriften
zur *Rosenschule* abgeschlossen. Nach seiner Fertigstellung wurden mehrere Exemplare von Darjes an die Landesherrschaft in
Weimar und durch die Loge *Zu den drei Rosen* auch in Freimaurerkreisen versandt. Für das interessierte Publikum in Jena bot
sie die Gollnerische Buchhandlung zum Kauf an. Das Erscheinen des Berichts wurde übrigens sogar in Kopenhagen annonciert, wohin Darjes Kontakte unterhielt.[70]

In den weiteren Teilen werden die handschriftlichen Quellen
jeweils thematisch zusammengefasst. Die Sammlung eröffnen
zwei Briefe von Darjes aus den Jahren 1761 und 1762, die an ehemalige Zuhörer des Jenaer Professors gerichtet waren. Der Brief
2.1 ging an Friedrich Dominikus Ring[71] (1726–1809), welchem
eine ausgedehnte Bildungsreise im deutschsprachigen Raum
1751/52 die Bekanntschaft hervorragender Gelehrter und Dich-
ter seiner Zeit, unter ihnen Darjes, verschafft hatte – in der Jenaer Matrikel ist Magister Ring unter dem 5. Oktober 1751 verzeichnet.[72] Der Sohn eines gelehrten Handwerkers in Straßburg
hatte zuvor in seiner Vaterstadt ein inhaltlich breites Studium

---

69 Vgl. AKirchJ, Kirchenbücher, Bestattungen 1763.
70 In der wöchentlich erscheinenden *Kiøbenhavnske Nye Tidender om lærde
    Sager* des Jahres 1764, Nr. 4, S. 36. Vorsteher der Kopenhagener deutschen
    Gemeinde war einer von Darjes' ehemals engsten Mitarbeitern in Jena,
    Balthasar Münter (1735–1793).
71 Zu Ring vgl. Schmidt, *Ring*; Kühlmann, *Killy Literaturlexikon*, S. 654ff.
72 Vgl. *Matrikel Jena*.

der Sprachen und Philosophie absolviert, sich jedoch schließlich der Theologie zugewandt. Auf seine Reise folgten eine dreijährige Hauslehrertätigkeit bei Generalleutnant von Muralt in Zürich und andere kleinere Anstellungen, schließlich auch ein Aufenthalt in Paris. Darjes' Schreiben erreichte Ring in Karlsruhe, wo er Ende 1759 auf Wunsch des Markgrafen Karl Friedrich den Dienst als Erzieher der beiden jungen Prinzen Karl Ludwig (1755–1801) und Friedrich (1756–1817) aufgenommen hatte. Dort heiratete er 1763 die Tochter des Karlsruher Geheimrats und Oberamtmanns Wieland, Karoline Christine, und starb 46 Jahre später als Geheimer Hofrat. Zu Lebzeiten eine literarische Instanz, kommt Ring heute noch Bedeutung als Übersetzer Diderots und vor allem als berichtender Zeuge des literarischen und gelehrten Lebens seiner Zeit zu. Der Empfänger der Briefes 2.2, Johann Heinrich von Brandenstein[73] (1723–1764), war in Weissenburg als Sohn des fürstlich-oettingischen Hofjunkers und Leutnants Johann Christian von Brandenstein, Erbherr auf Ranis und Gräfendorf, geboren. Fast ein Jahrzehnt vor Ring, nämlich am 15. März 1742, schrieb er sich als Theologiestudent in die Matrikel der Universität Jena ein,[74] hörte dort auch bei Darjes, und beendete seine Studien 1747 in Oettingen. Dort wurde er anschließend Diakon und 1753 Archidiakon. Mit seiner Ehefrau Catharina Christiana Barbara, Tochter des Hofrats Johann Georg Meurer in Oettingen, ging er 1760 als Spezialsuperintendent nach Harburg, wohin sich sein ehemaliger Lehrer dann mit seinem Brief wandte. Dessen einleitende Anspielungen auf von Brandensteins „Schicksaale" beziehen sich auf die Zeit in Oettingen, wo der offenbar unangepasste und unbequeme Geistliche dem Generalsuperintendenten Georg Adam Michel (1708–1780) „nicht unerhebliche Schwierigkeiten

---

73 Zu Brandenstein vgl. Burger, *Pfarrerbuch Bayerisch-Schwaben*, S. 23; Schattenmann, *Michel*, S. 37–42.
74 Vgl. *Matrikel Jena*.

im Amte" bereitet hatte: Gegen ihn liefen wiederholt Klagen, vor allem wegen unzensiert veröffentlichter und heikler Predigten; der Oettinger Fürst Johann Aloys I. (1737–1780) hatte deshalb 1758 sogar eine Amtsenthebung von Brandensteins beantragt, sodass Michel schließlich 1760 die Beförderung des eigenwilligen von Brandenstein als Spezialsuperintendent nach Harburg erleichtert befürwortete.[75] Dort wurde der Geistliche 1763 Konsitorialrat, starb aber im Folgejahr erst 41jährig an der Schwindsucht. Er hatte einige Predigten veröffentlicht, aber auch die von ihm entworfenen *Grundgesetze der zu Oettingen … errichteten Gesellschaft der schönen Wissenschaften* (Oettingen 1751) sowie unter dem Titel *Gesammelte Früchte* einen ersten Band von Schriften ihrer Mitglieder (Nürnberg 1753). Mit seinen beiden ehemaligen Hörern hatte sich Darjes offenbar schon zuvor hin und wieder brieflich ausgetauscht. Seine hier abgedruckten Schreiben sind – freilich wahrscheinlich recht beliebige, aber eben erhalten gebliebene und zugängliche – Zeugnisse für den persönlichen Einsatz des Professors zugunsten der *Rosenschule*. Aktiv nutzte er seine privaten und wissenschaftlichen Kontakte, um sein Projekt bekannt zu machen und günstigenfalls Geldspenden einzuwerben: Mehr oder weniger direkt wies der Professor beide Briefempfänger auf die für das Projekt vorgesehenen Geldquellen hin. Insbesondere Brandenstein legte er wiederholt den intendierten Weg des wesentlichen finanziellen Zuflusses auseinander und ließ keinen Zweifel daran, dass er sich von ihm eine sowohl ideelle als auch materielle Unterstützung des Schulversuchs erhoffte. Dass es weitere solche Bittschriften gab, auf welche sicherlich auch die erwünschten Reaktionen folgten, legen die verschiedenen im Jahresbericht erwähnten Zuwendungen von Bekannten nahe, wie beispielsweise die 100 Taler, welche Darjes im Oktober 1762 „von einem alten guten Freunde und Gönner, einem ehemaligen Zuhörer

---

75 Vgl. Schattenmann, *Michel*, S. 37–42, Zitat S. 37.

von mir aus L." erhielt.[76] Hier offenbart sich, wie schon durch Reicharts Abhandlung über die *Rosenschule*, die deutliche Abhängigkeit des gesamten Schulversuchs von Darjes' Person. Inhaltlich geben die im Abstand von fast genau einem Jahr verfassten Briefe vor allem unterschiedlich detaillierte Einblicke in zwei konkrete Entwicklungsstände der Realschule. In dem Schreiben an Ring vom 26. Juli 1761 zeigte sich Darjes davon überzeugt, in „wenigen Tagen den Anfang mit 10 Kindern machen" zu können – zwischen dem Gesuch um die Genehmigung zur Schulgründung und der tatsächlichen Erteilung der Konzession muss demnach eine beachtliche Zeitspanne verstrichen sein, welche auch eine Erklärung dafür liefert, dass die Eröffnung der Anstalt schließlich nach dem Eintreffen der Genehmigung so rasch erfolgen konnte. Bemerkenswert ist außerdem, dass Darjes Ring an die Vorlesungen über Moral erinnerte, in denen er in dessen Anwesenheit bereits seine Pläne zur Gründung einer Realschule mitgeteilt habe; demnach muss sich der Gelehrte bereits ein Jahrzehnt vor der tatsächlichen Umsetzung konkret mit diesem Vorhaben beschäftigt haben. Insgesamt machen die Informationen über den Schulversuch nur etwa ein Drittel dieses vierseitigen Briefes aus. Das Schreiben an Brandenstein vom 6. Juli 1762 hingegen ist fast gänzlich dem Thema *Rosenschule* gewidmet. Es dokumentiert einen Zwischenstand des Projekts um die Mitte des ersten Betriebsjahres, zu welcher Zeit 22 Kinder aufgenommen waren und mit der Aufwärterin, dem Verwalter sowie seiner Frau, der Näherin, dem Hofmeister und dem Mathematiklehrer sechs Personen als Bedienstete der Schule in Lohn und Brot standen. Auch gab Darjes darin an, dass er bereits Baumaterial für das neu zu errichtende Schulgebäude beschaffen ließ. In den §§ 7 und 26 des Monate später erscheinenden Schulberichts tauchte diese Aussage weiterhin unverändert auf – Hinweise auf einen

---

76 Darjes, *Das erste Jahr*, S. 10.

tatsächlichen Baubeginn gibt es nicht. Der Brief an Brandenstein ist im Übrigen die einzige Quelle, die eine Gefühlsäuße-
rung des Schulgründers enthält: Sein „Vergnügen" an dem von
ihm gestarteten Experiment, so ließ Darjes den Adressaten wissen, sei „unbeschreiblich".[77]

Der nun folgende dritte Teil eröffnet eine gänzlich neue Pers-
pektive auf den Camsdorfer Versuch: Mit dem hier aufgenommenen, 61 Blätter umfassenden Aktenbestand B 4756 *Geheimde
Canzley-Acta die Rosen-Schule zu Camsdorf betr. 1760–1764* aus dem
Thüringischen Hauptstaatsarchiv Weimar wird das bisher re-
konstruierte Bild der Reformschule sozusagen um die bürokra-
tische Ebene erweitert. Dokumentiert sind zum einen die Verhandlungen der Schulleitung mit der Landesherrschaft und
zum anderen jene der Weimarer Regentin mit ihren Räten.
Beim ersten Dokument handelt es sich um das Gesuch Darjes'
an die Herzogin, in welchem er sie als die in dieser Sache ent-
scheidungsbefugte Landesregentin bat, ihm die Genehmigung
zur Gründung einer Realschule in Camsdorf bei Jena zu erte-
ilen; eine handschriftliche Fassung des obigen *Entwurfs* hatte er
beigefügt. Der Brief datiert vom 22. Dezember 1760 und eröffnet
damit der Chronologie nach diese Quellensammlung. Tatsächlich also hatte der Gelehrte, als er die erwünschte Konzession
erhielt, bereits seit einem Jahr darauf warten müssen – den
langwierigen Entscheidungsprozess gibt der sich an das Gesuch anschließende Schriftverkehr zwischen Anna Amalia und
dem Weimarischen Oberkonsistorium 3.2 bis 3.7 wieder. Nach
einem einzelnen Schreiben der Regierung vom 29. Juni 1763,
mit welchem der Regentin einige Exemplare des von Darjes immerhin schon im Januar desselben Jahres nach Weimar über-
sandten Jahresberichts weitergereicht wurden, folgt dann in
den zehn Texten 3.9 bis 3.18 eine zweite längere Verhandlung.

---

77 Darjes an Brandenstein, S. 6.

Thema ist hier die von dem stellvertretenden Aufseher der Rosenschule, Gottlieb Joachim Becker[78], erbetene Genehmigung,
eine Lotterie zugunsten der Schule veranstalten zu dürfen. Die
Schreiben Anna Amalias (1739–1807) überliefert der Aktenbestand in Form von Konzepten, welche stets mit der französischen Form ihres Rufnamens und dem Kürzel für ‚Herzogin zu
Sachsen' – Amelie H. z. S – unterzeichnet sind. Als geborene
Prinzessin zu Braunschweig-Wolffenbüttel, Enkelin Friedrich
Wilhelms I. von Preußen und Nichte Friedrichs des Großen,
war sie sechzehnjährig mit Ernst August II. Konstantin (1737–
1758), Herzog von Sachsen-Weimar-Eisenach, verheiratet worden; nach dessen frühem Tod hatte sie sich vom Kaiser für voll-
jährig erklären lassen und in Vormundschaft des Erbprinzen
Karl August (1757–1828) die Regierungsgeschäfte übernommen.[79] Ihre Konsistorial- und Regierungsräte, welche im Aktenbestand unter die Mitteilungen des Obervormundschaftlichen Oberkonsistoriums und der Obervormundschafts-
regierung in Weimar ihre Namen gesetzt hatten, entstammten
einem engen Kreis von Beratern und hatten oft nacheinander
oder sogar gleichzeitig verschiedene Posten in beiden Gremien
inne. Es waren dies für das Konsistorium die Geheimen Räte
Carl Ernst von Rehdiger (1692–1766) und Johann Friedrich von
Hendrich (gest. 1775), für die Regierung hingegen der Rechtsge-
lehrte Franz Ludwig Freiherr von Reinbaben (gest. 1768), sowie
später der enge Vertraute der jungen Herzogin, Geheimrat Johann Poppo von Greiner (1708–1772, Reichsadel 1764). Mit den
Akten wechselten jeweils auch verschiedene damit zusammen-
hängende Aktenstücke im Original oder als Kopie hin und her,
von denen allerdings keine mehr aufgefunden werden konnten – in den Transkriptionen wurden entsprechende Bezug-

---

78 Zu Becker vgl. StAAu, 220/39, Nr. 56.
79 Zu Anna Amalia vgl. Günzel, *Weimarer Fürstenhaus*, S. 29–58; Dadelsen,
    Anna Amalia.

nahmen ausgelassen. Allem Anschein nach war die junge Regentin von Anfang an geneigt, das Darjesische Unterfangen möglichst unkompliziert zu unterstützen. Sie reagierte grundsätzlich rasch auf alle eingehenden Schreiben und zeigte sich, auf die erst Mitte September 1761 eintreffende erste Antwort des Oberkonsistoriums Bezug nehmend, über den „ziemlich langen Verzug"[80] der Sache nicht eben erfreut. Auch ließ sie Darjes in der Folge, ohne explizit darum gebeten worden zu sein, nicht bloß eine Genehmigung, sondern eine „förmliche Concession" ausstellen.[81] Aus den Akten, welche im Zusammenhang mit der Lotterie stehen, ist ihr Wohlwollen schließlich vollends zu erkennen: Die Empfehlungen der Regierung hinsichtlich einer in dieser Sache zu fordernden Bürgschaft von zehntausend Talern wies Anna Amalia entschieden zurück und rügte stattdessen den schleppenden Fortgang der Prüfung und Begutachtung. Am Ende setzte sie sich ganz über die Bedenken ihrer Berater hinweg, die im Interesse des teilnehmenden Publikums von einer Genehmigung abrieten, und gab Beckers Antrag mit der Begründung statt, die Lotterie sei ja „zum Besten eines so guten Instituti als die vorerwehnte Schule [ist], bestimmt"[82]. Generell schien die Landesregentin einer Erneuerung des niederen Schulwesen gegenüber aufgeschlossen zu sein, hatte sie doch just in dem Jahr, in welchem Darjes ihr sein Vorhaben unterbreitete, eine besondere Hilfskasse für niedere Schulen eingerichtet[83] – die *Rosenschule* erhielt hieraus allerdings keine Zuwendungen. Obwohl man also in Weimar seinem Projekt gegenüber ganz offensichtlich wohlwollend gestimmt war, überließ sich Darjes keineswegs dieser vermeintlichen Sicherheit. Anna Amalia, welche bereits ihre Zustimmung zur Schulgrün-

---

80 Thür. HStAW, B 4756, Bl. 20.
81 Ebd., Bl. 28.
82 Ebd., Bl. 58.
83 Vgl. Mentz, *Regentengeschichte*, S. 280.

dung erteilt hatte, musste ihm ausdrücklich bestätigen, dass es keine obrigkeitlichen Eingriffe in sein Privileg der Schulleitung geben würde: Er „erbitte sich noch jetzo hierdurch keine weiteren Grentzen oder Inspection aus", so gab Konsistorialpräsident Hendrich die Nachfrage wieder, „als die der Inspector des Hällischen Waisenhaußes" habe.[84] Diese Bemerkung über die *Franckeschen Stiftungen* ist übrigens der einzige Fall, in dem Darjes eine konkrete, ihm bekannte Reformschule erwähnte. In seinen Schriften nahm er auf keinerlei fremde Schulkonzepte Bezug, denen er vielleicht Anregungen zu seinem eigenen Entwurf zu verdanken hatte, obschon es außer Frage stehen dürfte, dass der interessierte und gut vernetzte Kameralist eine genaue Kenntnis verschiedener Schulpläne und Versuche der Realschulbewegung hatte. Der zweifellos interessanteste Umstand, den die Weimarer Akten offenbaren, ist der einer geplanten Lotterie zugunsten der *Rosenschule* – Becker als der offizielle Stellvertreter Darjes' wandte sich am 28. September 1763 mit einem entsprechenden Gesuch nach Weimar. Diese Bitte um die Genehmigung einer Lotterie könnte ein Hinweis auf eine immense finanzielle Notlage der Versuchsschule sein. Tatsächlich musste der Weggang der charismatischen Stifterfigur aus Jena zwangsläufig zu finanziellen Einbußen führen. Eine andere Interpretationsmöglichkeit allerdings eröffnet sich im Blick auf die von Anna Amalia erteilte Konzession zur Schulgründung, welche die Einrichtung eines Fonds zur Absicherung der Anstalt zur Bedingung gemacht hatte.[85] Zu solchen Zwecken Lotterien zu veranstalten, war kein unüblicher Weg. Bekannt war dieses Vorgehen unter anderem von den Heckerschen Anstalten in Berlin, die ihre Lose zwischen 1741 und 1744 selbst in den abgelegensten Dörfern verkauften, und auf diese Weise nicht nur 4.000 Taler erwarben, sondern auch ihren Be-

---

84 Thür. HStAW, B 4756, Bl. 25I.
85 Darjes, *Das erste Jahr*, S. 16.

kanntheitsgrad merklich steigern konnten.[86] Ein ähnliches Beispiel war die „Churmayntzische privilegirte Armenhaus-Lotterie", welche im Jahr 1764 schon zum fünften Mal lief.[87] Eine „regelmäßig angelegte Lotterie" galt auch Darjes, wenn es um die öffentliche Versorgung der Armen ging, durchaus als ein geeignetes Mittel, um „nach der Beschaffenheit der Umstände die Stiftung eines ... Capitals (zu) erleichtern", so überliefert es sein Lehrbuch *Cameral-Wissenschaften*.[88] Zu beachten ist, dass Becker den von „einige(n) wahre(n) Menschenfreunde(n)" ausgearbeiteten Plan der Lotterie direkt am Abreisetag Darjes' nach Weimar abschickte.[89] Es erscheint damit plausibel, dass der Schulgründer den Plan einer Lotterie nicht nur gebilligt, sondern selbst mit entworfen hatte, um durch die Schaffung eines Kapitals den Fortbestand der Versuchsschule auch ohne seinen persönlichen Einsatz vor Ort gewährleistet zu sehen. In ihrem letzten Konzept vom 20. Januar 1764 schließlich, mit welchem auch der Aktenbestand endet, befahl Anna Amalia der Regierung die Genehmigung und die eigenverantwortliche Erledigung alles noch Erforderlichen, womit der Lotterie nichts mehr im Wege stand. Belege dafür, dass sie tatsächlich zustande gekommen ist, wie etwa entsprechende Zeitungsannoncen, ließen sich bisher allerdings nirgends finden. Davon abgesehen liegt hier ein unumstößlicher Beleg dafür vor, dass die *Rosenschule* noch deutlich über Darjes' Wegzug aus Jena hinaus bestanden haben muss. Etwa zu der Zeit, zu welcher die Verhandlungen um die Lotterie zu ihrem Ende gekommen waren, wäre auch ein zweiter Jahresbericht über die Entwicklung des Schul-

---

86 Vgl. Ranke, *Hecker*, S. 22f.

87 Meyer/Schrön, *Weimarische Anzeigen 1764*, N. 10, S. 43. Lotterien scheinen um diese Zeit beliebt und verbreitet gewesen zu sein: Die *Weimarische(n) wöchentliche(n) Anzeigen* informierten in einem Großteil ihrer Ausgaben über „Lotterie-Sachen".

88 Darjes, *Cameral-Wissenschaften*, S. 480, Anmerkung.

89 Thür HStAW, B 4756, Bl. 44f.

versuchs fällig gewesen. Ein solcher wurde allerdings im Januar 1764 allem Anschein nach weder von Darjes, noch von Becker veröffentlicht.

Der vierte und letzte Teil der Quellensammlung zur *Rosenschule* nun enthält vier Aktenstücke 4.1 bis 4.4 aus den im Geheimen Staatsarchiv Preußischer Kulturbesitz aufbewahrten Freimaurerakten, die den in den bisherigen Dokumenten verborgen gehaltenen freimaurerischen Hintergrund dieser Reformschule belegen. Auf diesen hatte 1931 zuerst der Freimaurer Otto Götze hingewiesen,[90] bevor Joachim Bauer und Gerhard Müller in ihren Arbeiten über die Jenaer Freimaurerei auch der Verbindung zwischen der *Rosenschule* und der Jenaer Loge *Zu den drei Rosen* mittels ausführlicher Archivrecherchen nachspürten.[91] Insbesondere ihr 2002 veröffentlichter Beitrag *Jena, Johnssen, Altenberga* schildert die Entwicklungen innerhalb der Bruderschaft, welche einerseits die Realisierung des Schulprojekts erst ermöglicht, andererseits aber wahrscheinlich auch sein Scheitern herbeigeführt hatten. In die erst neu gegründete *Rosenloge*, eine Tochterloge der Berliner *Zu den drei Weltkugeln*,[92] war Darjes am 15. Oktober 1745 aufgenommen, am 5. Februar 1746 in den Grad des sogenannten Schottenmeisters erhoben und offenbar bereits im März zum Oberhaupt der Loge, dem Meister vom Stuhl, ernannt worden.[93] Die Organisationsform von Frei-

---

90 Vgl. Götze, *Rosenschule*; Ders., *Realschule*.

91 Vgl. Bauer/Müller, *Darjes Aufklärer*; Dies., *Jena Johnssen Altenberga*.

92 Die Große National-Mutterloge *Zu den drei Weltkugeln* wurde 1740 in Berlin auf Betreiben Friedrichs des Großen gegründet und existiert bis heute als die älteste anerkannte Großloge Deutschlands. An sie band sich die Jenaer Loge *Zu den drei Rosen* 1746 durch die Beantragung eines offiziellen Patents.

93 Geheimes Staatsarchiv Preußischer Kulturbesitz (im Folgenden: GStAPK), FM 5.1.4, Nr. 5944, Bl. 46II, 13IIf., 2oI. Die *Rosenloge* arbeitete von Anfang an nicht nur in den klassischen drei Graden Lehrling, Geselle und Meister der sogenannten blauen Johannismaurerei, sondern auch in einem vier-

maurerlogen ähnelt der von Vereinen: Verschiedene Beamte, das heißt der Vorstand und weitere Mitglieder mit festen Aufgabenbereichen, sorgen dafür, dass die Arbeit in der Loge reibungslos möglich ist und den Vorschriften folgt. Die Posten werden meist jährlich durch Brüder mit einem Meistergrad neu besetzt, indem entweder eine Wahl oder die Ernennung neuer Beamter durch höhergestellte Beamte erfolgt. Die drei hier abgedruckten Schreiben der Loge *Zu den drei Rosen* sind jeweils von allen Beamten (Officiers) unterzeichnet worden. In diesem kurzen Zeitraum änderte sich in der Besetzung des Vorstands wenig: Außer Darjes als Stuhlmeister (Maitre en Chaise) waren sein Schwager, der Professor für Mathematik und Physik Lorenz Johann Daniel Suckow[94] (1722–1801) als Deputierter Meister (Maitre deputé), der Arzt und Stadtphysikus Johann Friedrich Schickard[95] (gest. 1776) als erster Aufseher (Surveillant I) und der Advokat Georg Lorenz Batsch[96] (1728–1798) als zweiter Aufseher (Surveillant II) der Loge hammerführende Mitglieder des Vorstands; letzterer räumte Ende 1762 seinen Posten für den Jenaer Kaufmann und Bankier Johann Jacob Heinrich Paulßen (gest. 1789). Die Aufseher oder Vorsteher hatten den Meister vom Stuhl bei rituellen Handlungen zu unterstützen, ihn gegebenenfalls zu vertreten und die Durchsetzung der Logenordnung zu überwachen. Wie frühere Akten verraten, wurde die

---

ten, dem Hochgrad des Schottischen Meisters (vgl. auch Bauer/Müller, *Jena Johnssen Altenberga*, S. 24).

94 Suckow hatte 1750 die jüngere Halbschwester seines Lehrers geheiratet, Anna Catharina Darjes (1718–1768). Vgl. Vick, *Vernünftige Wahl*. In der Rosenloge hatte Succow zuerst das Amt des Sekretärs verwaltet. Vgl. GStAPK, FM 5.1.4, Nr. 5944, Bl. 20I.

95 Vgl. Spangenberg, *Handbuch*, S. 157. Schickard war 1746 zweiter Aufseher. Vgl. GStAPK, FM 5.1.4, Nr. 5944, Bl. 20I.

96 Batsch arbeitete als Fürstlich-Eisenachischer Amtsadvokat, Herzoglich-Weimarischer Lehnssekretär, war in Jena auch Stadtschreiber und ab 1775 Universitätssekretär und -archivar. Vgl. Spangenberg, *Handbuch*, S. 141, 171; UAJ, A 732.

Loge bereits seit ihren Anfängen 1745/46 von Darjes und Schickard geführt; Suckow war spätestens im März 1746 Sekretär der Loge, und auch Jakob Boulet[97], welcher das erste Schreiben 4.1 vom 10. August 1761 mit unterschrieb, gehörte spätestens seit Oktober 1746 als Schatzmeister (Trésorier) zu deren Beamten.[98] In der Planungs- und Gründungsphase der *Rosenschule* nun setzte sich die Führung der Loge aus folgenden weiteren Brüdern zusammen: Außer Paulßen unterzeichnete in den beiden Schreiben von 1761 und 1762 noch der Mediziner und jüngere Bruder der verstorbenen ersten Frau Darjes', August Heinrich Ludwig Teichmeyer[99] (1731–1804), als Maitre passé[100], Schriftführer (Secretaire) war der Schwarzburg-Rudolstädtische Kammerjunker und spätere kursächsische Offizier Christian Albrecht Günter von Brockenburg (1731–1790), der Jurist Gabriel Christian Lembke[101] (1738–1799) wirkte als Logenredner (Orateur) und Peter Heinrich Carstens (1739–1814) als zweiter Schaffner (Steward). Als erster Steward unterschrieb 1761 zudem der Advokat Johann Erhard Hamberger (geb. 1729), in den zwei folgenden Schreiben hatte Ernst Johann von Fircks (1737–1782) diesen Posten inne. Auch ein gewisser Daniel Balthasar Schneider[102] gehörte 1762 und dann als zweiter Steward 1763 zu den Unterzeichnern. Den Schaffnern oblag die Sorge für das

---

97 Über Boulet war nichts in Erfahrung zu bringen. Er scheint sich jedoch nicht um den französischen Sprachmeister und Linguisten in Jena, Jean Jacques Boulet (1714–1794), gehandelt zu haben.

98 Vgl. GStAPK, FM 5.1.4, Nr. 5944, Bl. 20I, 35I.

99 Darjes hatte sich 1741 mit Catharina Wilhelmina Eleonora (1725–1756), Tochter des bei den Höfen hoch angesehenen Medizinprofessors Hermann Friedrich Teichmeyer (1685–1744), verheiratet.

100 Die Bedeutung dieser Bezeichnung konnte von mir nicht zweifelsfrei geklärt werden. Entweder ist der Maitre passé ein Altmeister, das heißt, er war bereits einmal Stuhlmeister der Loge, oder er befindet sich in einem Übergangsstadium zur Erlangung eines Hochgrades.

101 Vgl. Lembke, *Selbstbiographie*.

102 Ein Daniel Balthasar Schneider aus dem Breisgau ist unter dem 4. September 1759 in der Jenaer Matrikel verzeichnet. Vgl. *Matrikel Jena*.

Haus und die Verpflegung. Die letzten noch verbleibenden Unterschriften stammen von zwei ganz offiziell mit der *Rosenschule* in Zusammenhang stehenden Männern: Es waren dies ihr stellvertretender Inspektor Gottlieb Joachim Becker – 1761 Schatzmeister und 1763 Sekretär der *Rosenloge*, 1762 hingegen nicht verzeichnet – und im letzten Brief der Mathematiklehrer Ludwig Ehrenfried Friedrich Cramer als Redner der Loge. Die meisten der genannten Männer gehörten nicht nur der Johannisloge *Zu den drei Rosen* an, sondern auch dem am 4. August 1760 eröffneten und von dem Hallenser Freimaurer Philipp Samuel Rosa (geb. 1702) am 29. September gesetzlich konstituierten Hochgradkapitel *Zion*[103]. Unter dem Vorsitz von Darjes kamen die Schottenmeister Teichmeyer, Becker, Paulßen und Schickard zum ersten Treffen zusammen und rezipierten direkt nach der Zeremonie außerdem Batsch, Hamberger, Brockenburg, Lembke sowie den gothaischen Amtshauptmann Friedrich Carl Adam von Schwarzenfels (1738–1789) zu Schottischen Meistern.[104] Noch im selben Jahr wurde Suckow in die Meisterloge aufgenommen, 1761 folgten dann Carstens und von Fircks.[105] Erste Schritte zur tatsächlichen Gründung der *Rosenschule*, deren enge Verbindung zur *Rosenloge* für Eingeweihte nicht nur aus der Namensgebung, sondern auch anhand der gelben Rose auf der blauen Schulkleidung ersichtlich war,[106] wurden unmittelbar nach der Gründung *Zions* unternommen, was die Vermutung rechtfertigt, dass beide Ereignisse miteinander in Zusammenhang standen. Eine Anregung zur Umsetzung des Schulplans könnte den Brüdern das 1753 in Stockholm

---

103   Vgl. dazu den Bestand GStAPK, FM 5.2., J 12, Nr. 7/1.
104   Vgl. GStAPK, FM 5.2., J 12, Nr. 7/1, Bl. 1I. Vgl. hier und im Folgenden auch Bauer/Müller, *Jena Johnssen Altenberga*, S. 35.
105   Vgl. GStAPK, FM 5.2., J 12, Nr. 7/1, Bl. 2, 6II.
106   Vgl. Darjes, *Das erste Jahr*, S. 4.

eröffnete freimaurerische Waisenhaus geliefert haben.[107] Vermutlich erhofften sich die Jenaer Brüder durch die Realisierung des Projekts eine Steigerung ihrer Bedeutung und ihres Einflusses, und dies nicht nur in Freimaurerkreisen: Angesichts der starken Verwurzelung der Loge im akademischen[108] und stadtbürgerlichen Umfeld muss es ein offenes Geheimnis gewesen sein, dass die Versuchsanstalt von der praktisch-mildtätigen Wirksamkeit der Freimaurer getragen wurde. Tatsächlich strömten etwa ab der Mitte des Jahres 1761 vermehrt junge Adlige in das Hochgradkapitel, welche dort offenbar förderliche Kontakte und Erkenntnisse für eine rasche Karriere bei Hofe suchten.[109] Ob die Freimaurer in Jena bereits an der konkreten Planung beteiligt gewesen waren, oder ob Darjes sie erst allmählich für die Unterstützung seines Privatvorhabens gewinnen konnte, lässt sich nicht sagen, denn das erste diesbezügliche Schreiben der *Rosenloge* wurde am 10. August 1761 und damit bereits deutlich nach Darjes' Gesuch an die Weimarer Landesherrschaft abgefasst. Nach einer offenbar längeren Phase des Schweigens berichteten die Brüder der Mutterloge über

---

107   Vgl. Asmus, Ivo (Hrsg.): *Gemeinsame Bekannte. Schweden und Deutschland in der Frühen Neuzeit.* Münster 2003. S. 116f.

108   Bis auf Paulßen finden sich alle als Unterzeichner genannten Jenaer Freimaurer in der Universitätsmatrikel (vgl. *Matrikel Jena*). Darjes selbst verteidigte im akademischen Senat 1762, als zum Besten der Universität ein Verbot sämtlicher Orden in Erwägung gezogen wurde, die legalen Orden mit den Worten, er habe „selbst seit 18 Jahren die Ehre Großmeister in einem Orden zu seyn, in welchem die größten Männer auch an unsern Höfen, sogar Fürstl[iche] Personen auch an unsern Höfen Mittglieder" seien und er kenne „ keine einzige Academie, wo nicht dieser Orden ... blühe()", wovon aber keine einzige Nachteile, vielmehr jede ihren „Nutzen" habe (vgl. UAJ, A 1227, Bl. 2f.) – dass er hier seine Hand schützend über die Freimaurerloge zu halten versuchte, dürfte wohl die erste Vermutung auch der nicht eingeweihten Senatsmitglieder gewesen sein.

109   Vgl. Bauer/Müller, *Jena Johnssen Altenberga*, S. 37f. Außer dem Schottischen Meistergrad konnten adlige Mitglieder dort zusätzlich den eines „Schottischen Ritters vom Heiligen Andreas" erlangen.

ihre Arbeit in Jena, gaben die bevorstehende Gründung einer einzig von Freimaurern zu betreibenden „RealSchule zur Ernährung und Erziehung armer Kinder zum Nuzzen der Wirthschaftl[ichen] Beschäftigungen" bekannt und baten um jede mögliche Unterstützung. Der handschriftlich beigefügte Schulplan,[110] so heißt es, werde mit eingehender Genehmigung aus Weimar umgehend gedruckt und versandt – wahrscheinlich also finanzierten die Brüder die deutsche und die französische Druckversion des *Entwurfs*. Eins dieser Exemplare ging eine Woche nach der Eröffnung der *Rosenschule* mit dem zweiten hier abgedruckten Schreiben 4.2 der Jenaer Loge an die Loge *De la Concorde* in Berlin. Die erfolgte Gründung der Realschule bezeichneten die Brüder der *Rosenloge* darin als den „ersten Schritt in der Beobachtung der ersten Pflicht der Maurerey".[111] Abweichend von allen anderen Quellen ist die Anzahl der ersten Schüler übrigens mit elf, sieben Knaben und vier Mädchen, angegeben. Es folgt diesen Mitteilungen wiederum eine direkte Bitte um Unterstützung des Versuchs. Ausgehändigt wurde dieser Brief, wie dem Konzept des Antwortschreibens der *Concordeloge* vom 30. Juni 1762 unter 4.3 zu entnehmen ist, persönlich durch den eben genannten Bruder Rosa[112]. Dieser, ein vom Dienst suspendierter protestantischer Geistlicher und Meister vom Stuhl der Hallenser Loge *Philadelphia (Zu den drei goldenen Armen)*, war beauftragt, das neue sogenannte Clermont-Rosaische Hochgradsystem in den deutschen Logen zu etablieren. Auf den zahlreichen mit seinem Auftrag verbundenen Reisen

---

110 Vgl. GStAPK, FM 5.1.4, Nr. 5944, Bl. 194–199.
111 Ebd., Nr. 5945, Bl. 4l.
112 Rosa war 1735 Hofprediger und 1737 Superintendent in Köthen, wurde 1743 aber wegen Ehebruchs entlassen. Seine Frau und mehrere Kinder zurücklassend, siedelte er mit seiner Geliebten nach Halle über, wo er aktiver Freimaurer wurde. Der Freimaurerbund schloss den zwielichtigen Bruder 1763 wegen anstößigen Verhaltens aus. Vgl. Heuser, *Ich wünschte*, S. 235f.

scheint sich Rosa um die Einwerbung von Mitteln für die *Rosen-schule* besonders verdient gemacht zu haben.[113] Die Brüder der Loge *De la Concorde* zeigten sich in ihrer Antwort optimistisch, dass der Schulversuch die Aufmerksamkeit und Fürsorge einflussreicher Fürsten auf sich ziehen werde. Sie selbst boten für das Jenaer Projekt einen gewissen Betrag aus ihrer Kollekte an. Im Gegenzug erhielten sie Mitte Januar 1763 erneut eine Sendung der *Rosenloge*, welche den ersten Jahresbericht enthielt; verbunden mit einem Dank für die geleistete Unterstützung wurde darin die Hoffnung auf weitere brüderliche Anteilnahme ausgedrückt. In der Tat waren es die Freimaurer, welche die enorme Leistung einer weitgehenden Finanzierung der *Rosen-schule* erbrachten – die Camsdorfer Anstalt war damit die erste Logenschule in Deutschland. Hatte Darjes bereits in seinem Schulplan freiwillige Gaben zur Haupteinnahmequelle der Schule erklärt, so baten die Mitglieder der Loge *Zu den drei Rosen* bei zahlreichen auswärtigen Logen mittels Briefen oder persönlichen Besuchen um Geldspenden, welche offenbar auch zuverlässig eintrafen. In Frankfurt am Main beipielsweise hatte Baron von Ponickau[114] aus Jena als besuchender Bruder die Loge *Zur Einigkeit* informiert, welche daraufhin 200 für die Schule bestimmte Gulden an Darjes übersandte und weitere regelmäßige Zahlungen versprach.[115] Auch die Logen in Braunschweig, Hamburg und Stettin veranstalteten nachweislich Sammlungen, deren Erlöse sie für die *Rosenschule* zur Verfügung stellten.[116] In der Literatur werden neben den Spenden der Berliner Mutter- und der *Concorde*-Loge außerdem Zuwendungen der

---

113 Vgl. Le Forestier, *Templerische Freimaurerei*, S. 141; Kloß, *Annalen*, S. 32.

114 Ponickau wurde Ende März 1761 in das Hochkapitel Zion aufgenommen. Vgl. GStAPK, FM 5.2., J 12, Nr. 7/1, Bl. 3I.

115 Vgl. FrAFaM, Protokoll (freundlich zur Verfügung gestellt von Herrn Hans Koller); Kloß, *Annalen*, S. 32f.

116 Vgl. Wiebe, *Große Loge Hamburg*, S. 56f.; Lincke, *Geschichte Johannis-Loge Stettin*, S. 6; Lachmann, *Freimaurerei in Braunschweig*, S. 18.

Logen *Zu den drei Sternen* in Rostock und *Zu den drei Kompassen* in Gotha erwähnt,[117] womit der beachtliche Umfang der finanziellen Unterstützung erkennbar wird, welche die Versuchsschule aus Freimaurerkreisen erhalten haben muss. Die im Schulbericht unter § 23 anonym veröffentlichte Liste der Mäzenen, welche sich schriftlich zu einem regelmäßigen Beitrag für die *Rosenschule* verpflichtet hatten, könnte ebenfalls Freimaurer enthalten, da von sechs Personen der für die Bruderschaft bedeutsame Johannistag als Zahltag eines oder mehrerer Dukaten ausgewählt worden war – die Parallele zu dem jährlich von jedem Mitglied einer Loge zu entrichtenden ,Johannisdukaten' drängt sich hier förmlich auf. Mit Bauer und Müller ist daher das „unbestreitbare() historische() Verdienst" der Clermont-Rosaischen Hochgradmaurerei zu betonen, „ein effizientes arkanes Kommunikations- und Kooperationsnetzwerk geschaffen zu haben, ohne das solch ein aufklärerisches Vorhaben nicht zu verwirklichen gewesen wäre".[118]

Diese Feststellung hat umso mehr Berechtigung, als die Gründung der *Rosenschule* in die Endphase des *Siebenjährigen Krieges* fiel: Zusätzlich zur kriegsbedingten Inflation waren in Jena bereits seit 1757 und insbesondere in den späteren Kriegsjahren immer neue Soldatentrupps von zum Teil weit über 1.000 Mann auf Kosten der Einwohner einquartiert,[119] was die Eröffnung und den Betrieb einer Anstalt für 30 Kinder und mehrere Angestellte merklich erschwert haben dürfte, zumal die Schule neben den Spenden noch keinerlei nennenswerte Einnahmen hatte. Kostete der Scheffel Roggen in Jena 1760 nicht mehr als zwei Reichstaler, so waren dafür Ende 1762, wie der Senat der Universität klagte, ganze 16 Reichstaler zu bezahlen.[120] Da sich

---

117 Vgl. Bauer/Müller, *Darjes Aufklärer*, S. 170.
118 Bauer/Müller, *Jena Johnssen Altenberga*, S. 36.
119 Vgl. UAJ, A 202–207, 254–256.
120 Vgl. UAJ, A 1227, Bl. 5. Der Jenaer Scheffel fasste ca. 160 Liter, vgl. Noback, *Taschenbuch*, S. 373.

die Steuern für die Versorgung der Truppen vor allem aus dem Grundbesitz errechneten, hatte Darjes als Besitzer zweier Stadthäuser und zweier Freigüter enorme Zahlungen zu leisten: Einer in den Universitätsakten aufgeführten Steuerabrechnung zufolge waren von dem Professor vom 8. bis zum 21. Dezember 1762 „23 1/4 Männer" zu versorgen, von denen er 12 tatsächlich untergebracht hatte, während er für die übrigen einen finanziellen Ausgleich in Höhe von 52 Talern und 12 Groschen an die Gemeinde abführen musste – zuvor hatte sich Darjes im Senat entrüstet gezeigt, dass er offenbar allein „über 1/12 der Last für die Stadt übernehmen" sollte.[121] Seiner *Rosenschule* konnte er in dieser Zeit finanziell sicherlich kaum aushelfen. Hinzu kam zum Jahreswechsel 1763/64 ein ungewöhnlich starkes Hochwasser der Saale, welches laut Kirchenbuch in Wenigenjena und Camsdorf „unbeschreiblichen Schaden" verursachte[122] – die direkt am Ufer gelegene Gebäude und Grundstücke der *Rosenschule* dürften hiervon spürbar betroffen gewesen sein. Etwa zur gleichen Zeit müssen die an die Person Darjes' geknüpften finanziellen Zuwendungen relativ abrupt ausgefallen sein, denn Ende September hatte dieser Jena aus beruflichen Gründen verlassen und die Schule seinen Freimaurerkollegen anvertraut. Zwar schrieb der Professor in seiner Autobiographie, seine Schule habe ihm die „ersten Bewegungsgründe" gegeben,

---

121 Vgl. UAJ, A 202, Bl. 34f., 8II.

122 Vgl. AKirchJ, Kirchenbücher, Notizen 1763: „Festum novi anni ... 1764 konnte nicht gefeyret werden wegen grossen Wassers. So ist dieses Wasser auch so hoch gewesen, daß es eine gute Viertel Ehle in der Schulstuben gestanden. Es hat unbeschreiblichen Schaden gethan, vieles Holz von der Landfeste weggeführt, und den Bau an den Rändern ein gut Theil zerrissen." Schauer führt das Hochwasser unter den größten „Saalüberschwemmungen" des 17. und 18. Jahrhunderts an und bemerkt dazu: „Bei solchen Ueberschwemmungen tritt das Wasser in die Keller von der Erde herauf, die daher ausgeräumt werden müssen, und ist der Gottesdienst, wie die Schule, eingestellt worden" (Schauer, *Urkundliche Geschichte*, S. 20). Gemeint ist in beiden Fällen die Wenigenjenaer Schule.

sich „nicht so weit von Jena zu entfernen", doch hätten ihm „einige von (s)einen Freunde(n) ... die Versicherung" gegeben, die Schule nach seinem Plan „so weit es ihnen würde möglich seyn, ferner auszuarbeiten, und (ihm) von Punkt zu Punkt Nachricht zu geben".[123] Ob jedoch der nun verantwortliche Becker bei allem guten Willen der geeignete Mann für eine solch herausfordernde Aufgabe war, scheint fraglich: Sein Enkel Lambert Carl Johann Gottlieb Oldenhove (1792–1872) bescheinigte ihm neben einem nicht unproblematischen „Hang zum Wohlleben" auch einen Mangel an „Willenskraft ..., um allein durch sich selbst sein Glück zu bauen".[124] Das Unvermögen Beckers, mit Geld umzugehen, wird die angespannte finanzielle Situation des Camsdorfer Versuchs zusätzlich verschärft haben. Nun aber nahmen problematische Entwicklungen in der Loge *Zu den drei Rosen* ihren Anfang, die letztlich sogar zu ihrer Auflösung führten und sich damit wohl oder übel auf den Fortgang des Experiments auswirkten. Wie Bauer und Müller[125] darlegen, gelang es nämlich einem charismatischen Schwindler namens Johnssen unmittelbar nach Darjes' Weggang einen Großteil der wichtigsten Freimaurer in der *Rosenloge* für eine Erneuerung des Freimaurerordens mittels seines Geheimwissens zu begeistern. Die Jenaer Brüder forderten ihre Schwesterlogen auf, ihnen zu folgen, und brachen nach dieser Rebellion schließlich Anfang November ganz mit der Berliner Mutter *Zu den drei Weltkugeln*. Johnssen und sein Gefolge, zu dem in leitender

---

123 Darjes, *Bielefelds Staatsklugheit*, S. 38.

124 Vgl. StAAu, 220/39, Nr. 56. Becker fand nach der Schließung der Rosenschule für kurze Zeit eine Anstellung als Fürstlicher Schwarzburg-Rudolstädtischer Sekretär. Nach Aurich zurückgekehrt, verprasste er seinen Verdienst als Registrator, sodass seine Frau – Becker hatte sich noch in Jena gegen den Willen seiner Mutter unstandesgemäß verheiratet – die gemeinsame Tochter allein versorgen musste. Auf Antrag seiner Mutter kam er schließlich unter Kuratel, bis er starb. „Sein Leben", resümierte sein Enkel, „war ein verfehltes" (ebd.).

125 Vgl. Bauer/Müller, *Jena Johnssen Altenberga*, S. 38–67.

Position unter anderem auch der Hilfsaufseher der *Rosenschule*, Gottlieb Joachim Becker, gehörte, betrieben dabei einen nicht geringen materiellen Aufwand. Schon Ende 1763, Anfang 1764 waren das Interesse und die Ressourcen der Brüder in Jena also anderweitig gebunden. Im Mai 1764 wurde in Altenberga eine Generalversammlung aller rezipierten Logen einberufen, auf welcher die Schwindeleien unerwartet aufgedeckt wurden – für die *Rosenloge* bedeutete dies in der Folge ihre endgültige Schließung. Die meisten Jenaer Freimaurer hatten durch Johnssens Betrügereien nicht nur ihr ehrenwertes Ansehen, sondern auch einen Großteil ihres Vermögens verloren, womit, wie schon Götze[126] versichert, wohl das vorzeitige Ende der Versuchsschule letztlich besiegelt war. Über die genaue Dauer des Camsdorfer Versuchs *Rosenschule* geben die vorliegenden Quellen keine Auskunft, da sie nur bis zum Januar 1764 reichen. Auch ob das Schulexperiment tatsächlich aus finanziellen Gründen abgebrochen werden musste, ist nirgends dokumentiert – es wäre allerdings eine wahrscheinliche Erklärung. Von Darjes selbst sind keine schriftlichen Aussagen über den Fortgang des Unternehmens erhalten, die den Schulbericht um weitere Informationen ergänzen können. Einzig im Vorwort der neu aufgelegten *Cameral-Wissenschaften* findet sich eine Bemerkung, welche vermuten lässt, dass Becker und die übrigen freimaurerischen Mitarbeiter nach Darjes' Abreise die *Rosenschule* nicht nach seinen ursprünglichen Absichten weitergeführt hatten: „Mein mir ganz unerwarteter Abzug von Jena hat es mir nothwendig gemacht, die weitere Ausarbeitung dieser angelegten Sache andern zu übergeben", so berichtete er dort. „Da es diesen aber gefallen hat, den von mir entworfenen Plan zu verlassen, so ist es dem Feinde möglich geworden, das Unkraut unter den Weizen zu zerstreuen."[127] Mittels weiterer Quellen kann

---

126 Götze, *Rosenschule*, S. 312.
127 Darjes, *Cameral-Wissenschaften*, Vorrede zur andern Auflage, S. XX.

zumindest der Zeitpunkt, zu welchem das Experiment schließlich beendet worden ist, genauer eingekreist werden. Demnach
scheint die Rosenschule nicht sofort mit dem Zerfall der Rosenloge geschlossen worden zu sein, denn den Kirchenbüchern von
Wenigenjena und Camsdorf zufolge wurde am 7. Juli 1765 ein
Kind getauft, dessen Pate Johann Andreas Möbius als „Brandweinbrenner in der RosenSchule" beschäftigt war.[128] Mitte
September des Jahres allerdings stand das Camsdorfer Freigut,
das laut Zeitungsannonce „ein ansehnliches Wohnhaus, gute
WirtschaftsGebäude, Scheuern und Ställe, Zinsen, Schenk- und
BrauGerechtigkeit, ingleichen eine gute BrandeweinBrennerey
und Brauerey, Lust- und andere Gärten, wie nicht weniger Wiesen, Aecker, Weinberge und andere Gerechtsame" bot, zum Verkauf und befand sich spätestens ab Oktober 1765 im Besitz des
Oberaufsehers der Saalflöße, Carl Friedrich von Bose.[129]

Die Rosenschule also hat wahrscheinlich etwas länger als dreieinhalb Jahre bestanden. Die öffentliche Kenntnis dieses Modellversuchs zeitgemäßer Bildung dürfte bereits von Anfang an
recht verbreitet gewesen sein. Dass diese nicht allein auf die Einwohner der Stadt Jena und ihrer Umgebung beschränkt bleiben
würde, ergab sich bereits aus Darjes' beruflicher Tätigkeit: Als
ebenso populärer wie renommierter Universitätsprofessor erreichte er mit seinen Ideen und Unternehmungen unzählige
Studenten und Gelehrte aus den verschiedensten deutschen Gegenden und dem Ausland, welche als Multiplikatoren seiner
bildungsreformerischen Ideen und Versuche in Betracht zu ziehen sind. Bekannt gewesen ist die Rosenschule nicht zuletzt auch
vielen Freimaurern, in deren Logen vielerorts zumindest das
gedruckte Konzept aus Jena kursierte. Wie Darjes in seinem Jah

---

128 Vgl. AKirchJ, Kirchenbücher, Taufen 1765.
129 Vgl. Meyer/Schrön, *Weimarische Anzeigen* 1765, N. 74, S. 294f. Taufpate eines am 21. 10. 1765 geborenen Kindes war „Tobias Stade, ... Laquai
und Gärtner bey dem H. Oberaufseher von Bose zu Camsdorff" (vgl.
AKirchJ, Kirchenbücher, Taufen 1765).

resbericht schrieb, wurden jedenfalls „viele gereitzet, diese Schule zu besuchen".[130] Dass das Camsdorfer Modell einer Realschule folgerichtig auch rezipiert und für Umgestaltungen im Schulwesen herangezogen worden ist, belegt exemplarisch die von dem ehemaligen Jenaer Theologiestudenten,[131] dem Pfarrer Johann Gottlob Lorenz Sembeck, ab 1765 angestrengte und schließlich 1780 gänzlich durchgesetzte Neuordnung der Lateinschule in Lindau: Darjes' *Entwurf einer Realschule* befand sich unter den Schulplänen, die hierfür Anregungen geliefert hatten.[132] Wenngleich im Einzelnen schwerlich nachweisbar, ist eine direkte Rezeption des Darjesischen Schulkonzepts oder seiner theoretischen Anregungen für verschiedene Reformen und Gründungen, wie beispielsweise die drei folgenden, wahrscheinlich: Der Theologe Christian Wilhelm Oemler (1728–1802), welcher ab dem Wintersemester 1746 in Jena studiert hatte[133] und wie Darjes Mitglied in der Erfurter *Akademie nützlicher Wissenschaften* war, eröffnete als Archidiakon 1768 eine aus Spenden finanzierte Armenschule in Jena;[134] zwischen 1757 und 1762 bei seinem Stiefvater im Dorf Cospeda bei Jena aufgewachsen und später Mitglied des Freimaurerordens, verwirklichte der Verleger, Schriftsteller und Übersetzer Friedrich Justin Bertuch (1747–1822) in Weimar im Jahr 1780/81 seine Idee einer Zeichenschule zur Schulung von Handwerkern und Künstlern;[135] in Kopenhagen engagierte sich als Vorsteher der deutschen Gemeinde einer der vertrautesten Schüler und Mitarbeiter Darjes' in Jena, Balthasar Münter (1735–1793), schon ab 1765 sehr für eine Verbesse-

---

130 Darjes, *Das erste Jahr*, S. 9.

131 Sembeck findet sich in der Jenaer Matrikel unter dem 12. Mai 1745 (vgl. *Matrikel Jena*).

132 Vgl. Eckert, *Lateinschule Lindau*, S. 26–29; Stolze, *Schulen*, S. 55.

133 Immatrikuliert am 3. September 1746 als „Cand. theol. et phil." (vgl. *Matrikel Jena*).

134 Vgl. Oemler, *Kurze Nachricht*.

135 Vgl. Klinger, *Entwurf zur Zeichenschule*, S. 17; Paul, *Hundert Jahre*, S. 6; Der *Entwurf einer … Zeichenschule* ist vollständig abgedruckt ebd., S. 6–9.

rung des Schulwesens, insbesondere der deutschen Freischulen, und gründete vor seinem Tod eine Industrieschule für Mädchen.[136] Diese und ähnliche Anstalten waren ein sichtbarer Ausdruck des enormen unternehmerischen, bildungsreformerischen Potentials im 18. Jahrhundert, welches Darjes mit seinen Ideen und Vorschlägen zu einer zeitgemäßen Um- und Neugestaltung von öffentlicher Erziehung und Bildung bei seinen Zuhörern wie kaum ein anderer zu erwecken vermochte. Namentlich der Philanthropismus erhielt hier wichtige Impulse. Dem Begründer dieser aufklärerischen pädagogischen Strömung, Johann Bernhard Basedow (1724–1790), welcher 1774 das erste Philanthropin in Dessau eröffnete, war Darjes' Realschulversuch nachweislich bekannt,[137] und der neben ihm bedeutendste Vertreter des Philanthropismus, Christian Gotthilf Salzmann (1744–1811), studierte genau zu der Zeit in Jena, in welche die Gründung und der Anfangsbetrieb der *Rosenschule* fiel.[138] Eine Beeinflussung des Pädagogen Salzmanns durch Darjes und die Camsdorfer Versuchsanstalt wird, trotz der fehlenden expliziten Bezugnahme, allgemein als sehr wahrscheinlich angenommen; das von ihm in Schnepfenthal gegründete Philanthropin trug unübersehbare Züge der Darjesischen Modellschule.[139] Winkler verweist hier insbesondere auf die Nutzung körperlicher, handwerklich-landwirtschaftlicher Arbeit als Bildungs- und Erziehungsmittel.[140] Schöler hingegen hebt die bemerkenswerte, erstmals in Camsdorf in diesem Maße praktizierte Auslagerung allgemein menschlich bildender Inhalte in eine

---

136 Vgl. Bobé, *Petrigemeinde*, S. 253ff. *Der Pflegecommission Rechenschaft*, S. 72. Münter, *Münters Leben*, S. 22.

137 Im Jahr 1764 schrieb Basedow, er schätze „den Herrn Hofrath Darjes ... besondes dafür hoch(), daß er sein Vermögen zum verbesserten Unterrichte der Kinder anwendet". Vgl. Basedow, *Philaletie*, S. 465.

138 Immatrikuliert am 6. Oktober 1761 (vgl. *Matrikel Jena*).

139 Vgl. Winkler, *Pädagogik von Darjes*, S. 71; Friedrich, *Salzmann*; Burggraf, *Salzmann*, S. 40, 56; Schaubs, *Erziehungsanstalt Schnepfenthal*, S. 29f., 34f.

140 Vgl. Winkler, *Pädagogik von Darjes*, S. 71–73.

Art Vorklasse für alle Schülerinnen und Schüler, die ‚moralische Klasse', hervor: Ansatzweise begann Darjes das der bürgerlichen und staatlichen ‚Wohlfahrt' ganz allgemein nützliche Wissen und Können herauszulösen und unabhängig von bestimmten Berufen als einen Grundstock zur bürgerlichen Bildung zusammenzufassen. In der Theorie findet sich diese Idee auch bei dem späteren Erlanger Philologen Gottlieb Christoph Harles[141] (1738–1815), welcher sich um 1760/61 in Jena aufgehalten hatte. In seinen *Gedanken von den Real-Schulen*,[142] deren Grundlage das seit 1739 unbearbeitet gebliebene Konzept seines Mentors Johann Gottfried Groß bildete, legte er 1766 eine Art Synthese aller bekannten Realschulkonzepte vor, wobei er jeweils die ihm am zweckmäßigsten erscheinenden Anregungen herausgriff – der Gedanke einer den Fachklassen vorgeschalteten allgemeinen Klasse dürfte dabei von Darjes stammen. „Die Nützlichkeitserwägungen", so Schölers Fazit, „modifizier(t)en sich innerhalb der Aufklärungszeit zu einer realistischen Lebensvorbereitung in einem pädagogisch relevanten Sinne".[143] Nach Darjes' Weggang von Jena verbreiteten seine Schüler dessen Lehren noch bis weit in die 1780er Jahre hinein,[144] ehe die Systeme der gestandenen Philosophen durch die Rezeption der Kantischen Lehren an den Universitäten ihre Relevanz einbüßten. Besonders hervorzuheben ist als einer der treuesten Anhänger Darjes' der ab 1746 an der Jenaer Universität ausgebildete und auf Lebzeiten dort lehrende Justus Christian Hennings (1731–1815).[145] Vorwiegend

---

141 Zu Harles (schreibt sich im Alter Harless bzw. Harleß) vgl. Müller, *Harles.*

142 Vgl. Harles, *Real-Schulen.* Modernisierter Teilabdruck in Benner/Kemper, *Quellentexte,* S. 13–28.

143 Vgl. Schöler, *Naturwissenschaftlicher Unterricht,* S. 50–53; Zitat S. 53.

144 Vgl. Neuper, *Vorlesungsangebot.*

145 Hennings imatrikulierte sich am 21. November 1746 in Jena (vgl. *Matrikel Jena*). Ab Mitte der 1750er Jahre begann dieser nach und nach alle Hauptdisziplinen der Philosophie nach Darjes zu lesen. Später hatte Darjes ihn offenbar selbst beauftragt, nach seiner Abreise seine

über ihn kamen auch die jüngeren Philanthropen mit dem Darjesischen Gedankengut in Berührung, so der spätere „schwarz-
burg-rudolstädtische() Educationsrath" und Mitarbeiter Salzmanns, Bernhard Heinrich Blasche[146] (1766–1832), dessen Vater,
der Jenaer Stadtschulrektor und akademische Lehrer Johann
Christian Blasche (1718–1792), noch persönlich mit Darjes bekannt war, oder auch die Schulreformer Johann Heinrich Gottlieb Heusinger[147] (1767–1837) und Friedrich August Wiedeburg[148] (1751–1815). Nach Winklers Einschätzung griff Darjes
mit dem Unterrichtskonzept seiner *Rosenschule* überdies einer
zweiten schulischen Erneuerungsbewegung des ausgehenden
18. Jahrhunderts vor, der sogenannten Industrieschule.[149] Zur
Begründung führt der Verfasser die bereits im Konzept veran-
kerte und dann in den Tagesablauf fest integrierte produktive
Arbeit der Schülerinnen und Schüler an, die für Realschulen un-
typisch, für Industrieschulen[150] hingegen charakteristisch gewesen sei. Tatsächlich sind im Jahresbericht über die *Rosenschule*
vor allem verschiedene einfache Handarbeiten erwähnt, zu welchen die Kinder nach und nach angeleitet und dann in den täglichen Arbeitsstunden herangezogen wurden. Zudem lernten
sie, die wichtigsten Tätigkeiten der Land- und Hauswirtschaft
in der Praxis selbst auszuführen. Eben diese Verknüpfung von
Hand- oder wirtschaftlichen Arbeiten gegen Entlohnung mit
einem allgemeinen Schulunterricht für die Heranwachsenden

---

philosophischen Vorlesungen fortzusetzen. 1765 erhielt Hennings die
Jenaer Professur für Logik und Metaphysik. Vgl. Prantl, *Hennings*; Günther, *Lebensskizzen*, S. 204.

146   Zu Bernhard Heinrich Blasche vgl. B., *Blasche* (Zitat). Blasche studierte
ab 1783 in Jena Theologie und Philosophie.

147   Zu Heusinger vgl. Prantl, *Heusinger*.

148   Zu Friedrich August Wiedeburg, einem engen Verwandten der Jenaer
Gelehrtenfamilie gleichen Namens, vgl. Stalmann/Koldewey, *Wiedeburg*.

149   Vgl. Winkler, *Pädagogik von Darjes*, S. 52–69.

150   Vgl. zu Industrieschulen Iven, *Industriepädagogik*; Trost, *Industrieschule*.

der untersten sozialen Schichten war auch die Idee hinter den von Ferdinand Kindermann begründeten Industrieschulen. Dahinter stand die Absicht, den regelmäßigen Schulbesuch armer Kinder zu fördern und diese zu Arbeitsamkeit (‚Industrie‘) und Religionsausübung zu erziehen – die Industrieschule sollte zur flächendeckenden Volksschule werden und verbreitete sich in der Tat ab etwa 1780 recht erfolgreich. Entscheidend war dabei laut Iven der „Geldverdienst der Kinder in der Schule, d. h. das Moment der engsten Verknüpfung der Bildung an den persönlichen Egoismus"[151] – ein Charakteristikum, welches viele Vorläufer und die der Industrieschule stark ähnelnden Modelle, so auch die *Rosenschule*, nicht aufzuweisen hatten. Darjes nämlich hatte im Entwurf verfügt, dass der Arbeitserlös seiner Zöglinge „in die allgemeine Casse" komme, die Leistung des Einzelnen also nicht direkt vergütet werden sollte.[152] Bei allen Parallelen, welche das Konzept seiner Realschule zu dem der später aufkommenden Industrieschulen aufwies, bleibt fraglich, ob diese Ähnlichkeit tatsächlich auf einer Entwicklung des einen Schulmodells aus dem anderen beruht, oder ob nicht vielmehr hier wie dort schlicht auf das im schulischen Bereich Altbewährte zurückgegriffen worden ist. Trost nämlich weist darauf hin, dass etwa die „Anerkennung der Kinderarbeit", die „Anleitung von Kindern zu wirtschaftlicher Betätigung" oder die „Verbindung von Lehrschule mit gewissen Handarbeiten" damals zu den Selbstverständlichkeiten des niederen Bildungswesens gehörten.[153] Darjes, der erstens stets den Nutzen jedes Einzelnen für die Gemeinschaft im Blick behielt und zweitens die *Rosenschule* nach Möglichkeit zum wirtschaftlichen Selbsterhalt führen wollte, verfolgte also keinen neuartigen Ansatz, wenn er die Schülerinnen und Schüler zur Arbeit einteilte. In seinem Kon-

---

151 Iven, *Industriepädagogik*, S. 202.
152 Darjes, *Entwurf*, S. 8.
153 Trost, *Industrieschule*, S. 10.

zept war dieses schlichtweg notwendige und alltägliche ‚Arbeiten' nicht Bestandteil des Unterrichts, im Gegensatz zu den praktischen Stunden im Rahmen der ‚besonderen Unterweisung': Die hier vermittelten Tätigkeiten, deren Palette kontinuierlich erweitert wurde, waren anspruchsvoller, abwechslungsreicher und vorrangig von (berufs-)bildendem Wert. Die Zielsetzung einer universellen Erziehung der untersten Volksschichten zur ‚Industrie', welche die Industrieschule kennzeichnete,[154] ist daraus nicht abzulesen. Vielmehr grenzte Darjes seine Realschule durch das erweiterte fakultative Bildungsangebot nach unten hin von den einfachen Volksschulen ab. Die Schülerinnen und Schüler seines Instituts sollten für ein zukünftiges Leben und Arbeiten im mittleren gesellschaftlichen Stand erzogen und gebildet werden. Kompromisse für die bereits mit öffentlichen Schulen versorgte Klientel, wie das zusätzliche Angebot studienvorbereitender Bildung, ging Darjes nicht ein. Die Realschule, wie der Gelehrte sie verstand und propagierte, muss ganz klar als eine eigenständige moderne Mittelschule anerkannt werden. Für eine solche Einschätzung spricht auch, dass er die Einführung von einer jeweils entsprechend ausgerichteten Realienbildung sowie die Ausgliederung allgemeinbildender Inhalte aus der Spezialunterweisung in allen vorhandenen Schulen weiterhin anregte.[155]

Sein fundiertes und fortschrittliches Konzept in dieser Form zur Ausführung zu bringen, gelang ihm bei der *Rosenschule* nicht gleich in jeder Hinsicht. Doch erlaubt die verhältnismäßig

---

154 Trost zufolge erhob das Modell der Industrieschule die Erziehung zur ‚Industrie' zur eigentlichen Zielsetzung: „Die Volksschule zum Träger der ‚Industrie'bildung zu machen, (war) das Entscheidende am Industrieschulgedanken." Trost, *Industrieschule*, S. 10.

155 „Sollte es nicht nützlich seyn", so fragte der Reformer etwa bezüglich der Dorfschulen, „wenn auch in diesen Schulen die allgemeine Classe von der besondern unterschieden würde" und sie mit dieser „ein gewisses Stück von einer Realschule" speziell für den „Bauer-Stand" erhielten? (Darjes, *Cameral-Wissenschaften*, S. 399f.)

kurze Dauer des Versuchs und die spärliche Quellenlage hier kaum ein endgültiges Urteil. Dass für Darjes mit dem Scheitern seines anfangs so vielversprechenden Projektes das Kapitel ‚Realschule' keineswegs abgeschlossen war, machte er 1768 im Vorwort zur Neuauflage seines akademischen Lehrbuchs *Erste Gründe der Cameral-Wissenschaften* deutlich: „Ich werde gewiß meine Gedanken von dieser Sache nicht entfernen, und keine Gelegenheit vorbeygehen lassen, die sich mir anbiethet diese Sache auszuführen".[156] In Frankfurt an der Oder standen tatsächlich die Chancen für einen zweiten Versuch nicht schlecht, denn der Gründer der Camsdorfer *Rosenschule* traf dort auf Männer, welche auf diesem Gebiet Erfahrungen und Erfolge vorzuweisen hatten: Im Jahr 1774 traf Gotthelf Samuel Steinbart (1738–1809), Leiter des Waisenhauses, der Erziehungsanstalt und des Lehrerseminars in Züllichau, in der florierenden Großstadt ein, um als ordentlicher Professor für Philosophie an der Universität zu lehren; zudem hatte niemand anderer als der Berliner Realschulveteran Johann Julius Hecker vor seinem Tod 1768 im Auftrag des Königs das dortige Waisenhaus reformiert. Vielleicht also trat Darjes in Frankfurt noch mit Hecker, zweifellos aber mit Steinbart in näheren Kontakt. Über einen eventuellen neuen Schulplan oder gar ein realisiertes Projekt jedoch ist nichts bekannt, was angesichts der mit Darjes' Verpflichtungen und Ämtern an der Universität einhergehenden Belastungen in seinem schon greisen Alter wenig verwundert. Die Erforschung seiner *Rosenschule* in Camsdorf jedoch gewährt heute einen einmaligen Einblick in die Einsichten und Bemühungen gelehrter Männer um ein zeitgemäßes Schulwesen vor dem Auftreten der Philanthropen. Darjes' Wirken als Erziehungswissenschaftler und Pädagoge der Aufklärung macht exemplarisch deutlich, wie um die Mitte des 18. Jahrhunderts vor allem findige und höchst engagierte Privatpersonen die

---

156 Darjes, *Cameral-Wissenschaften*, Vorrede zur andern Auflage, S. XX.

veränderten Erziehungs- und Bildungsbedürfnisse einer neuen Zeitlage erfassten und diesen durch persönliche Initiative konsequent Rechnung trugen.

B   Quellen zur Rosenschule

1   Hinweise zur Wiedergabe der Quellentexte

Die Schreibweise der Originale wurde weitgehend beibehalten, nur in einzelnen Fällen, insbesondere in den handschriftlichen Texten, zugunsten einer besseren Lesbarkeit dem heutigen Gebrauch angepasst. So wurden etwa das ‚ÿ' durch ‚y' und das ‚eü' durch ‚eu' ersetzt, wie auch ein zweiter großer Buchstabe am Wortanfang, wie bei ‚GOtt', durch einen kleinen. Die sowohl in Druck- als auch in Handschriften übliche Setzung eines Punktes hinter Ziffernzeichen wurde, wie heute gewöhnlich, ausschließlich bei Ordnungszahlen beibehalten. Abkürzungen werden bei ihrem jeweils ersten Vorkommen aufgelöst, die Ergänzung steht dabei in eckigen Klammern. Auch von mir vorgenommene Einschübe werden im Text in eckigen Klammern wiedergegeben, ebenso wie die originalen Seitenzahlen der Schriften bzw. die Blattnummern der Archivalien zu Beginn der jeweiligen Seite oder des Blattes. Unterschiedliche Schriftarten und Hervorhebungen in den handschriftlichen Originalen bleiben hier unberücksichtigt. Die Besitznachweise der Handschriften und Zeitungsartikel finden sich in Fußnoten jeweils am Anfang des Textes.

2   Zeitgenössische Druckschriften, chronologisch

2.1   J. G. Darjes: Entwurf einer Real-Schule (1761)

Entwurf einer Real-Schule zur Erziehung armer Kinder, zum Nutzen der wirthschaftlichen Beschäftigungen durch Joachim Georg Darjes. Jena, gedruckt bey Georg Michael Marggraf, 1761.

[– S. 2 –] **Vorbericht.**
Ich mache, nachdem ich die gnädigste Conceßion von der Durchlauchtigsten LandesHerrschaft hierzu erhalten habe,

im Namen Gottes einen Anfang, eine Sache auszuführen, mit
der sich meine Gedanken seit vielen Jahren beschäftiget haben, und die nach meiner Einsicht von der größten Wichtigkeit ist. Ich versuche es im Namen Gottes, ob ich auf meinem
Freygütgen **Camsdorf eine Realschule zur Erziehung
armer Kinder zum Nutzen der wirthschaftlichen Beschäftigungen** werde gründen, und diese zur Vollkommenheit werde bringen können. Mein Fleiß und meine Sorge soll
dieser Einrichtung unverdrossen, solange ich lebe, gewidmet
seyn, und der Gott, der da will, dass wir eine ungeheuchelte
Menschenliebe haben, und dass wir daher unsere Kräfte, die er
uns geschenket hat, anwenden sollen, die wahre Wohlfahrt der
menschlichen Gesellschaft zu befördern, der wird auch gewiß
dieses mein Unternehmen segnen, und die Herzen dererjenigen Menschen, die sich mit Wahrheit seine Kinder nennen können, und in welchen das Gefühl einer reinen Menschenliebe ist,
dahin lenken, dass sie mir, so weit es ihre Umstände erlauben,
zur Ausführung dieser so wichtigen Sache alle mögliche Hülfe
freywillig leisten werden. In dieser gewissen Zuversicht liefere
ich diesen meinen Freunden einen kurzen Entwurf von dieser
zu stiftenden Realschule. Bey dem Ausgange eines jeden Jahres soll es ihnen öffentlich nach allen Umständen bekannt
gemacht werden, wie weit es mit ihr gekommen ist. Jena den
17. Decemb[e]r 1761.

[– S. 3 –] **Das erste Capitel: Von der Absicht dieser Real-
schule.**
§ 1) Ich will hier nichts von der allgemeinen Absicht dieser zu
errichtenden Schule reden, die sich aus der Begierde, seine Kräfte anzuwenden, die Wohlfarth der menschlichen Gesellschaft
durch eine regelmäßige Erziehung armer Kinder zu befördern,
erklären läßt.
Ich fasse den mir angenehmen Gedanken, daß ich jetzt meine
Gedanken solchen MitGliedern der menschlichen Gesellschaft

eröffne, die ein reines Gefühl von einer wahrhaftigen MenschenLiebe haben, das keine Seele empfindet, die von der EigenLiebe und einer verdorbenen Einbildung beherrschet wird. Dieses macht es, daß ich glaube, es werden genug seyn, wenn ich die besondere Absicht dieser aufzurichtenden RealSchule kurz aber doch deutlich beschreibe.

§ 2) Die wirthschaftlichen Beschäftigungen der Menschen können füglich in drey HauptClassen vertheilet werden. **Die erste fasset die so genannte Landwirthschaft**, die nichts als eine Dienerin der Natur [ist]. Sie kommt der Natur zur Hülfe, daß sie uns ihre Werke z. E. das Getreide, die Gräserey, die GartenFrüchte, das Holz, das Vieh, u. s. f. in dem Grade der Vollkommenheit liefern könne, in welchem es möglich ist.

Die andere fasset die **so genannte Stadtwirthschaft**. Diese verarbeitet die Werke der Natur, zum Nutzen der Menschen, sowohl durch die Zertrennung dererjenigen Stücke, welche die Natur verbunden hat, als auch durch eine regelmäßige Verbindung der Werke der Natur. Folglich gehören hierher alle Gewerke, Manufacturen, Fabriquen, Handwerker, die KochKunst, u. s. f.

Die dritte fasset die **so genannte moralische Wirthschaft**, die eine Wissenschaft dererjenigen Regeln [ist], die uns lehren, wie wir in unsern Beschäftigungen eine gehörige Ordnung beobachten, wie wir zur Erreichung unserer Absicht geschickte Mittel erfinden, und wie wir die Wege entdecken können, die es uns möglich machen, die Mittel anzuwenden, und die Absicht zu erreichen.

§ 3) Niemand kann es uns leugnen, daß nicht in diesen wirthschaftlichen Beschäftigungen ein merklicher Theil von der Wohlfarth der [– S. 4 –] menschlichen Gesellschaft gegründet sey. Nichts desto weniger lehret es uns die tägliche Erfahrung, daß es uns in diesem Stücke an Menschen fehlet, deren Kräfte wir anwenden können, diese Absichten bis zur Vollkommenheit zu bewürken, dahero die gerechte Klage über das Gesind fast allgemein ist. Es fehlet diesen Werkzeugen, die wir zur Erreichung unserer gesellschaftlichen Absicht nöthig haben, sowol an dem Wollen, als auch an dem Vermögen. Ist dieß keine allgemeine Wahrheit, so werden doch gewiß sehr wenige Fälle vorkommen, da wir genöthiget werden, eine Ausnahme zu machen.

§ 4) Ich habe gesagt, es fehle diesen Werkzeugen an dem Willen. Ich will es beweisen. Warum dienet das Gesinde dem Herrn? Warum dienet der LehrJunge und Geselle seinem Meister? Man gehe von Hause zu Hause, von einem LandGute zum andern, was gilt die Wette, die Antwort wird diese werden, sich zu ernähren und reicher zu werden. Wo wird man diejenigen finden, denen das Wohl ihrer Herrschaft und ihrer Meister am Herzen liegt? Was würket dieses? Die Erfahrung wird einem jeden die Antwort geben.

§ 5) Ich habe ferner gesagt, es fehle diesen Werkzeugen an dem Vermögen. Auch dieses bestättiget die Erfahrung. Will man sich die Mühe geben, alle Arten der Wirthschaften nur obenhin zu betrachten, so wird man allenthalben finden, daß dieser Satz gegründet ist. Man braucht in der häuslichen Gesellschaft Bediente, Mägde, Köchinnen, Haushälterinnen, und so ferner. Man braucht in der Landwirthschaft Verwalter, Haushälterinnen, Gärtner, Knechte, Mägde, u. s. w. Man braucht in den Gewerken BrandweinBrenner, BierBrauer, u. s. f. Man braucht in den Manufacturen und Fabriquen Spinnerinnen, Neherinnen, Färber, und alles das, was man zu den Handwerkern zehlet. Man fasse den Vorsatz eine gewisse wirthschaftliche Absicht auszuführen, und man wird es so gleich merken, daß es an Menschen fehlet, die Geschicklichkeit genug besitzen, uns die erforderliche Hülfe zu leisten. Man muß sie erst dazu anführen, wozu man sie gebrauchen will, und dieses würket darum keine Vollkommenheit, weil es ihnen an derjenigen Erkenntniß fehlet, die hierzu erforderlich ist.

[– S. 5 –] **§ 6**) Woher kommt dieser Mangel, der gewiß keine geringe Aufmerksamkeit verdienet? Will man behaupten, daß es an Menschen fehlet, die von Natur die Fähigkeit besitzen, die dazu erforderlich sind, wenn sie zur Ausführung dieser Absicht sollen geschickt gemacht werden, so wird eine unendliche Menge armer Kinder, die sich durch das Betteln ernähren müssen, dieser Meynung widersprechen. Dieser Mangel hat einen andern Grund. Bald fehlet es diesen Mitgliedern der menschlichen Gesellschaft an den GlücksGütern, bald fehlet es an einer regelmäßigen Einrichtung, in welcher sie die erforderliche Unterweisung geniessen können.

§ 7) Dieß wird genug seyn, die besondere Absicht dieser neuen Real-Schule deutlich zu bilden. Sie ist aus folgenden Stücken zusammengesetzt:

1.) Sollen in dieser Schule keine andere Kinder aufgenommen werden, als die sich einem Theile der § 2 angeführten wirthschaftlichen Beschäftigungen der Menschen widmen wollen.

2.) Die Unterweisung, welche die Kinder in dieser Schule geniessen sollen, wird in die **allgemeine** und **besondere** vertheilet.

3.) Die allgemeine Unterweisung sollen alle geniessen, sowol die Buben als auch die Mädgen, und sie wird in die **moralische** und **wirthschaftliche Unterweisung** vertheilet.

4.) Die moralische Unterweisung wird sich regelmäßig bemühen, die Herzen der aufgenommenen Kinder menschlich zu bilden, in ihnen eine deutliche und überzeugende Erkenntniß von Gott und dessen Eigenschaften zu erwecken, aus diesen die wahre Absicht ihres Daseyns, und aus dieser die wahre Beschaffenheit der Pflichten ihnen begreiflich zu machen. Diese Bemühung wird ferner einen Versuch machen, das Herz dieser Kinder von der EigenLiebe und von der verdorbenen Einbildung zu befreyen, und alsdenn in diesen Herzen ein eifriges Verlangen zu erwecken, die Kräfte des ganzen Menschen dahin anzuwenden, daß ein jeder die Wohlfahrt der menschlichen Gesellschaft so weit befördern könne, als es die Umstände, unter welche er ist gesetzt worden, erlauben. Solte wol nicht eine solche Erziehung vermögend seyn, das Wollen in den Herzen der Kinder zu würken?

[– S. 6 –]

5.) Die allgemeine oeconomische Unterweisung wird sich mit den Dingen beschäftigen, die in allen wirthschaftlichen Unternehmungen einen sehr merklichen Einfluß haben. Ich meyne das Lesen, Schreiben, Rechnen, Zeichnen, und die Erkenntniß derjenigen Regeln, deren Beobachtung alsdenn erforderlich ist, wenn man bey seinen Unternehmungen eine gehörige Ordnung beobachten, in der Wirthschaft die heimliche Verschwendung vermeiden, zur Erreichung seiner Absichten geschickte Mittel erfinden, und durch Anwendung dieser Mittel seine Absicht glücklich erreichen will.

6.) Die besondere Unterweisung, welche nicht alle geniessen, wird die Knaben von den Mädgens absondern. Die Knaben sollen nicht nur in der Mathematick, Mechanick, NaturLehre, ScheideKunst und Oeconomie so weit unterwiesen werden, als es nach den Umständen möglich, und als es nöthig ist, wenn eine wahrhaftige Geschicklichkeit, sich in WirthschaftsSachen der Welt nützlich zu beweisen, entstehen soll, sondern sie sollen auch, so weit es die Umstände erlauben wollen, zur würklichen Anwendung der in diesen Stücken erlangten Erkenntniß angeführet werden.

7.) Den Mädgen wird man insbesondere eine bequeme Gelegenheit verschaffen, daß sie nicht nur in allen den Stücken, die zum Nähen, Spinnen, Stricken, Sticken, Kochen, und zur Wartung und Verpflegung der Thiere erforderlich sind, vollkommen können unterwiesen, sondern daß sie auch dahin können angeführet werden, daß sie in diesen Stücken, eine jede nach ihrer besonderen Absicht, eine genugsame Fertigkeit und Geschicklichkeit erlangen.

8.) Kommen die in dieser Schule aufgenommenen Kinder zu den Jahren, da es Zeit ist, eine gewisse, und genugsam bestimmte LebensArt zu erwehlen, so sollen diese noch zuvor, ehe sie aus dieser Schule gehen, insbesondere zu der erwehlten Absicht unterwiesen und zubereitet werden.

§ **8**) Dieß ist der allgemeine Entwurf der Absicht, die ich dieser neuen Schule gesetzet habe. Die Umstände, die sich bey der Ausführung zufällig ereignen, werden alle Stücke so bestimmen, daß diese Absicht unter der Führung Gottes zum Nutzen der menschlichen Gesellschaft erreicht werden könne.

[– S. 7 –] **Das andere Capitel: Von der innern Einrichtung der neuen RealSchule.**

§ **1**) Nichts ist in der Welt groß, was nicht im Anfang klein gewesen ist, und keine erhabene Absicht ist jemals ohne Hindernisse und ohne viele Mühe erreichet worden. Daher muß bey allen Einrichtungen von dieser Art dieses die erste Sorge seyn, wie ein entworfener Plan fortdaurend bis zur Vollständigkeit ausgearbeitet werden könne. Dieses unter dem Beystande Gottes zu bewürken, werde ich mir, so lange ich lebe, die Aufsicht vorbehalten, mir aber sogleich einen Inspectorem Adjunctum[157] erwehlen, den ich mit anführe, die Sache nach dem entworfenen Plan durchzuführen.

---

157 Hilfsinspektor, Stellvertreter.

§ 2) Der Inspector Adjunctus soll, bey Lebzeiten des Inspectoris, ein richtiges Verzeichnis von dem führen, was bey dieser Schule veränderliches vorgefallen ist, was ihre Vollkommenheit behindert und befördert hat.

§ 3) Der Inspector Adjunctus ist, nach dem Absterben des Inspectoris, sogleich Inspector, und er erwehlet sich sogleich einen Inspectorem Adjunctum, den er wiederum anführet, und der das angefangene Verzeichnis fortsetzet. Dieses wird die angefangene Ordnung gleichförmig erhalten, und nach und nach zur Vollständigkeit durchführen.

§ 4) Der Inspector erwehlet mit Einstimmung des Inspectoris Adjuncti die Informatores[158], und alle, die zum Dienst dieser Schule erforderlich sind, und beyde müssen für alles, was bey dieser Schule vorfallen sollte, stehen. Auf ihnen liegt also die Sorge und Last.

§ 5) Die Kinder, welche einmal in dieser Schule sind aufgenommen worden, bleiben so lange unter der ihnen vorgesetzten Aufsicht, bis sie nach dem 8ten Puncte des 7ten §phi vorhergehenden Capitels aus der Schule wiederum gelassen werden.

[– S. 8 –] § 6) Sie müssen demnach bis dahin in dieser Schule ihren Unterhalt finden. Woher wird dieser kommen?

§ 7) Die Quelle zu dieser Unterhaltung vertheile ich in die allgemeine und in die besondere. Die allgemeine ist wahre und gegründete MenschenLiebe. Gott wird gewiß die Herzen seiner Freunde erwecken, daß sie einige Brosamen von ihren Gütern auch diesen armen Kindern zufliessen lassen.

---

158 Lehrer.

§ **8**) Die besondern Quellen sind diese:

    a) Was durch die Arbeit dieser Kinder erworben wird, das kommt in die allgemeine Casse.

    b) Sind einige Kinder nicht völlig arm, so zahlen sie etwas zur allgemeinen Casse.

    c) Der Seegen Gottes wird es möglich machen, daß mit der Zeit Fabriken, u. s. w. zum Nutzen dieser Schule angeleget werden.

§ **9**) Wird es der göttliche Seegen erlauben, daß einige Grund-Stücke zum Nutzen dieser Schule angeschaft werden können, so soll der jedesmalige Inspector von diesen der LehnTräger seyn, damit die Einnahme der Durchl. LandesHerrschaft durch diese Einrichtung in keinem Stücke geschwächt werde.

§ **10**) Der jedesmalige Inspector Adjunctus muß in seinem Verzeichnisse ein besonderes Capitel von diesen wirthschaftlichen Begebenheiten dieser Schule verfertigen.

§ **11**) Damit endlich diese RealSchule von den übrigen Schulen bequem könne unterschieden werden, so soll sie den Namen: **die RosenSchule bey Jena** führen.

2.2 Zeitungsbericht über die Eröffnung der Rosenschule (1762)

Hallische Zeitungen 1762 (Halle), Nr. 14, 25. Januar 1762, S. 54ff.[159]

Neuer historischer Schauplatz aller vorfallenden Begebenheiten im Staat, der Kirche, der gelehrten Welt, und dem Naturreiche 1762 (Erfurt), 2. St., S. 164ff.[160]

Jena den 18. Jan[uar]
Nachdem der Herr Hofrath und Prof. Darjes auf einen Bogen in Quarto einen Entwurf einer Real-Schule zur Erziehung armer Kinder zum Nutzen der wirthschaftlichen Beschäftigungen hat drucken lassen: und nachdem er von der durchl[auchtigsten] gnädigsten Landesherrschaft die gnädigste Bestätigung mit allen das Ansehen einer solchen Stiftung erhöhenden Privilegiis und die Erlaubniß erhalten [hat], diese Schule in seinem Freygute Camsdorf zu gründen; so hat er den 10ten dieses Monats wirklich den Anfang zur Gründung dieser Schule, der er den Namen, die Rosen-Schule bey Jena gegeben [hat], gemacht. Der Stifter ließ in seinem Hause 9 von den bereits angenommenen Kindern, 6 Knaben und 3 Mädgen mit der zum Merkmahle dieser Schule bestimmter Kleidung, als blau mit gelben Aufschlägen, und einer gelben Rose auf der linken Seite des Kleides, ankleiden, und diese, nachdem sie das Frühstück genossen [hatten], von seinem Hause durch den angenommenen Schul-Wärter in die Kirche zu Wenigen-Jena, als in welcher das Dorf Camsdorf eingepfarret ist, führen. Der dasige Pfarrer Herr Adj[unkt] Schmidt [– S. 55 (Halle) –] stellte in einer

---

159 Wiedergabe nach dem Exemplar der *Franckeschen Stiftungen*, Halle.
160 Wiedergabe der Abweichungen zum Halleschen Bericht in den Fußnoten nach dem Exemplar des Stadtarchivs Erfurt.

sehr erbaulichen Predigt nach Anleitung des SonntagsEvangelii, JEsum als das beste Muster wohlerzogener Söhne und
Töchter vor, und nahm daher Gelegenheit diese Stiftung und
diese Rosen-Schule Gott zu befehlen und einzusegnen. Nach
gehaltenen Gottesdienst wurden die Kinder von dem Schul-
Wärter in das Haus zu Camsdorf geführt, worinn der Anfang
dieser Schule soll gemacht werden. Der Stifter ermahnte die
Kinder, übergab [- S. 165 (Erfurt) -] diese dem Wärter bis zur
fernern Einrichtung, die an dem folgenden Tage so weit ist gemacht worden, als es zum Anfange einer solchen Stiftung geschehen kan. Die Absicht dieser Schule, die der Stifter in zuvor
angeführten Bogen beschrieben hat, gehet dahin, daß arme
Kinder, die nicht studiren, sondern der Welt dermaleinst mit
ihrem Fleisse, und mit der Arbeit ihrer Hände dienen wollen,
zum Gebrauch dieser Absicht vernünftig können erzogen werden, und auch bis dahin in derselben können ernähret werden.
Zu diesem Ende will der Stifter in dieser Schule nach und nach
4 Classen gründen. Die erste soll die moralische Classe seyn, in
welcher die Kinder das Lesen, Schreiben, eine gesunde Moral
und das wahre Christenthum lernen sollen. Die andere Classe
ist die mathematische, in welcher die Kinder in so weit in den
mathematischen Wissenschaften sollen unterwiesen werden,
in wie weit diese bey den wirthschaftlichen Beschäftigungen
der Menschen nothwendig sind. Die dritte Classe ist die oeconomische, in welcher nicht nur die moralische[n] Regeln der
Wirthschaft, sondern alle besondere[n] Stücken[161] die bey dem
Feldbaue, Gärtnerey, Viehzucht und so weiter vorkommen,
den Kindern nach ihrer Fähigkeit sollen begreiflich gemacht
werden. Die vierte Classe ist die physikalische, in welcher die
Werke der Natur und der Scheidekunst in so weit soll gelehret
werden, als sie bey Beurtheilung der wirthschaftlichen Geschäfte unentbehrlich ist. Es hat nicht die Absicht, als wenn

---

161 Im *Schauplatz*: ... sondern auch die besondere[n] Stücke ... .

alle Kinder, die in dieser Schule aufgenommen werden, alle Classen durchgehen sollen, sondern ein iedes Kind soll in den Stücken unterwiesen werden, wozu es die [– S. 166 (Erfurt) –] größte Neigung hat, und was ihm mit der Zeit in dem Geschäfte,[162] dem es sich widmen will, das nützlichste ist. Damit die Absicht dieser Schule könne erreichet werden, so wird in derselben auch dahin die Veranstaltung gemacht, daß nach geendigten Lehr-Stunden, ein iedes Kind zur wirklichen Ausübung der gelernten Stücke könne angeführt werden. Nach diesen Veranstaltungen können mit der Zeit aus dieser Schule die Herrschaften brauchbares Gesinde zu allen Endzwecken, Künstler brauchbare Knaben, weiter brauchbare Verwalter, Knechte und Mägde, u. s. w. bekommen. Ein so weit aussehendes Werk wird, wenn es zur Volkommenheit soll gebracht werden, sehr vieles Geld erfordern. Das will der Stifter nehmen von der Fürsorge Gottes, von der wahren und ungeheuchelten Menschen-Liebe, und von der Arbeit der Kinder. Sollen wir von dem Anfange dieses Werks auf dessen Fortgang schliessen, so sind dies die rechten Quellen, aus welchen der Aufwand zu diesem wichtigen Geschäfte vorzüglich könne genommen werden. Der Anfang ist mit 9 Kindern gemacht worden, und diese haben sich in dieser Woche schon bis auf 12 vermehrt. Es ist ausser dem Schul-Wärter bereits ein sehr geschickter Präceptor[163] zur moralischen Classe, und eine geschickte Näherin [– S. 56 (Halle) –] angenommen worden. Gott beweiset hier seine Liebe auch in einer solchen Zeit, da die Ausführung einer so wichtigen Sache vielen Menschen unmöglich scheinet.

---

162 Im *Schauplatz*: ... und was ihm künftig in dem Geschäfte ... .
163 Lehrer.

2.3 J. G. Schmidt: Jesus als das beste Muster wohlerzogener Söhne und Töchter (1762)

Jesus als das beste Muster wohlerzogener Söhne und Töchter in einer Predigt am I. Sonnt[ag] nach dem Fest der Ersch[einung] Christi vorgestellet und auf Verlangen dem Druck übergeben von M[agister] Johann Georg Schmidt, der Jenaischen Superintend[ent]ur in der Unterpflege Adjunct und Pfarrer der beyden Gemeinden zu WenigenJena und Camsdorf. Jena, zu finden in der Güthischen Buchhandlung 1762.

[– (S. 3) –] **Vorrede.**
Einer Predigt eine Vorrede vorzusetzen, scheinet etwas überflüssiges zu seyn: denn ist sie entweder ein Muster der Beredtsamkeit, so verdienet sie nachgeahmet zu werden; oder hat sie die Erbauung zu ihrem Endzweck gehabt, so empfiehlet sie sich den Zuhörern durch ihren Innhalt; ist sie kriechend und hinkend gewesen, so emfindet sie ihr Schicksal durch das gerechte Urtheil. Gegenwärtige, an heiliger Städte gehaltene Arbeit, würde nicht so viel Aufmerksamkeit verursachet haben, woferne sie nicht durch einen besondern Umstand eine grosse Menge Zuhörer erhalten hätte. Ihro Wohlgebl. Herr Hofrath **Daries** liessen am ersten Sonntage nach dem Fest der Erscheinung Christi, neun aufgenommene arme Kinder, welche in der von Ihnen aufzurichtenden Real-Schule nebst noch mehr folgenden als die ersten Pflanzen zu nutzbaren Bäumen sollen erzogen werden, von Jena aus zu erst in unser hiesiges Gotteshaus führen und nach geendigten Gottesdienst begleiteten Sie, weil Sie selbst unsern Tempel besucht hatten, diese Kinder in das einstweilen angewiesene Wohnhaus auf Dero nahe bey uns gelegene[n] und in hiesige Kirche eingepfarrte[n] [– (S. 4) –] Freyguth Cammsdorf. Ich freuete mich, daß ich nach Anleitung der im Text liegenden Wahrheiten meinen Vortrag,

so viel die Grenzen einer Predigt es gestatten, auf die Kinderzucht, welche im blinden Heidenthum oft mit mehrerm Ernst
als heut zu Tage von so genanten Christen-Eltern besorgt wird,
gerichtet hatte. Meine Abhandlung erhielt nach wenig Tagen
in öffentlichen Blättern den Nahmen einer erbaulichen Predigt und es äuserten Verschiedene ein Verlangen solche zu lesen. Hier erscheinet sie öffentlich im Drucke und ich begleite
selbige noch mit dem innigsten Wunsch, daß der Herr mein
an heiliger Städte für die neu aufzurichtende Schule gethanes
Gebeth in Gnaden erhören wolle. Er friste daneben das für die
menschliche Gesellschaft vorhin schon nutzbar gewesene Leben des Hochansehnlichen Herrn Stifters dieser Real-Schule
und lasse demselben die freudigsten Glückwünsche wegen
völliger Einrichtung derselben, als eine reizende Belohnung
bald einsammeln. Will mir die ewige Güte meines Gottes bey
schwächlichen Umständen meines schmerzhaften Cörpers Leben und Kräffte schenken, daß ich bey diesen Kindern als meinen künftigen Zuhörern, unter der Bearbeitung des Geistes
Gottes, durch Beyhülfe ihres Lehrers im Christenthum, einen
solchen Grund lege, daß sie unter der Sorgfalt nützliche Glieder
der menschlichen Gesellschafft zu werden, fürnehmlich glück-
liche Mitglieder in dem Reiche Jesu Christi zu seyn sich bestre-
ben; so soll auch für diese Gnade seinem großen Nahmen Ehre
und Dank gebracht werden. Wenigenjena den 5. Febr[uar] 1762.

[– S. 5 –] **Gebeth.**
Herr Jesu du schönster unter den Menschenkindern! du hast
dich in deiner Kirche als ein nachahmungswürdiges Beyspiel
wohlgearteter Kinder aufgestellet. Verleihe Gnade, daß alle Eltern und die deren Stelle verwalten, an dir ein Muster nehmen
und dafür sorgen, daß ihre Kinder wachsen mögen an Weisheit,
Alter und Gnade bey Gott und den Menschen. Amen!

Eingang.

Deine Söhne werden von ferne kommen und deine Töchter zur Seiten erzogen werden. Diese Verheissung, Andächtige und in Jesu geliebte Zuhörer, welche die ewige Wahrheit der Kirche thun ließ, ist unter vielen andern besonders merkwürdig und erwecket in den Herzen derer, welche die Erfüllung überdenken, Regungen der Dankbarkeit gegen die göttliche Güte. Wir lesen diese Gnadenvolle Verheissung Jes c. 60. v. 4. Durchschauete der alles erkennende Herr die Verfassung des menschlichen Herzens; mußte er ausruffen lassen: Finsterniß bedecket das Erdreich und dunkel die Völker; sahe er wohl ein, daß alle Menschen in angebohrner Finsterniß und Blindheit irre gehen und des rechten Weges zu einer ewigen und dauerhafften Glückseligkeit verfehlen würden; so beschloß er ein Licht leuchten zu lassen: er beschloß daß in seinem Sohne, der da in die Welt kommen sollte, die [– S. 6 –] Herrlichkeit des Herrn über alle heilbegierige[n] Menschen, durch das Werk der Erleuchtung, Bekehrung und Heiligung sich verbreiten sollte. Der Prophet mußte auf Befehl des Geistes Gottes diesen Rathschluß nicht nur bekant machen, sondern auch von gesegneter Würkung predigen, welche darinnen bestehen würde: daß Menschen aus Juden und Heiden sich durch die Predigt des Evangelii zur Kirche neuen Testaments würden versammlen lassen. In dieser Kirche würden sie als von einer Mutter durch die kräfftigsten Gnadenmittel ernähret, verpfleget und erzogen werden. Sowohl denen in der Nähe als in der Ferne würden die Heilsbrunnen zu schöpfen offen stehen: deine Söhnen werden von ferne kommen und deine Töchter zur Seiten erzogen werden.

Richten wir, andächtige, unsre Blicke auf die Geschichte Neuen Testaments, so entdecket sich die Erfüllung dieser göttlichen Verheissung in reichen Maaße. Der Predigt von Jesu Christo ist es gelungen, daß in aller Welt aus allen Völkern Menschen von beyderley Geschlecht zu dem Schooße der christlichen Kirche sind versammlet worden. Verdunkelt gleich noch Blindheit und

Aberglauben so vieler Augen und Herzen, daß sie die Klarheit in dem Reiche Jesu Christi nicht schauen wollen; so müssen wir doch zum Ruhme des göttlichen Nahmens Loblieder anstimmen, daß die ewige Liebe es der Christenheit vergönnet, daß im Lichte des noch scheinenden Evangelii Söhne und Töchter erzogen werden. Auch uns wiederfähret noch vor vielen Tausenden diese besondere Gnade des grossen Gottes daß lehrbegierige Kinder beyderley Geschlechts im Christenthume unterrichtet von dem Wege des Heils belehret und nach der Absicht Gottes in christlichen Schulen können erzogen werden. Es müsse dies bey keinem einzigen unter uns eine unerkante Wohlthat des Höchsten bleiben: es müsse vielmehr diese Wahrheit bey allen, welche der Kinderzucht wegen dereinsten Rechenschafft geben sollen, eine heilige Sorgfalt erwecken; in dem Garten Gottes solche jungen Bäume zu erziehen, die da segnend wachsen und herrliche Früchte bringen. Wie wird das können bewerkstelliget werden? Unser heutiges Evangelium soll Gelegenheit geben, diese Frage zu beantworten, da uns Jesus der Welt Heiland in seinem zwölften Jahre als ein Muster wohlerzogener Kinder für Augen gestellet wird. Der Herr erleuchte unsre Augen und Herzen durch seinen heiligen und guten Geist und wohne auch in dieser Stunde unter uns [– S. 7 –] mit seinen Gnadengaben. Erbittet dies mit mir in einem glaubigen und andächtigen Vater Unser.

Evangelium, Luc. II. v. 41 – 52.
Und seine Eltern giengen alle Jahr gen Jerusalem auf das Osterfest. Und da er zwölf Jahr alt war, giengen sie hinauf gen Jerusalem, nach Gewohnheit des Festes. Und da die Tage vollendet waren, und sie wieder zu Hause giengen, blieb das Kind JEsus zu Jerusalem; und seine Eltern wustens nicht. Sie meyneten aber, es wäre unter den Gelehrten, und kamen eine Tagereise, und suchten ihn unter den Gefreundten und Bekanndten. Und da sie ihn nicht funden, giengen sie wiederum gen Jerusalem, und suchten ihn. Und es begab sich nach dreyen Tagen, funden sie ihn im

Tempel sitzen mitten unter den Lehrern, daß er ihnen zuhörete, und sie fragete. Und alle, die ihm zuhöreten, verwunderten
sich seines Verstandes und seiner Antwort. Und da sie ihn sahen,
entsatzten sie sich. Und seine Mutter sprach zu ihm: Mein Sohn!
warum hast du uns das gethan? Siehe, dein Vater und ich haben
dich mit Schmerzen gesucht. Und er sprach zu ihnen: Was ists,
daß ihr mich gesucht habt? Wisset ihr nicht, daß ich seyn muß in
dem, daß meines Vaters ist? Und sie verstunden das Wort nicht,
das er mit ihnen redete. Und er gieng mit ihnen hinab, und kam
gen Nazareth, und war ihnen unterthan. Und seine Mutter behielt alle diese Worte in ihrem Herzen. Und JEsus nahm zu an
Weisheit, Alter und Gnade bey Gott und den Menschen.

[– S. 8 –] **HauptVortrag.**
Jesus als das beste Muster wohlerzogener Söhne und
Töchter.

Wir wollen aus unserm Evangelio hören:
  I.   wie uns Jesus als ein solches Muster aufgestellet wird
  II. wie nothwendig es ist, daß Söhne und Töchter nach die-
       sem Muster erzogen werden.

Gebeth.
Erbarmungsvoller Gott! Verleihe daß bey reiner Lehr auch Got-
tesfurcht sich bey uns mehr: daß man die Jugend wohl erzieh
all Aergerniß und Sünden flieh. Schenke allen Christlichen
Gemeinden und Schulen diese Gnadenwohlthat und laß alle
Kinder nach dem Beyspiele deines Sohnes wachsen an Weisheit,
Alter und Gnade bey dir und den Menschen. Amen.

Erster Theil.
Da ich, andächtige und in Jesu geliebteste Zuhörer, mir unter
dem Beystande der göttlichen Gnade vorgenommen habe, eure
Blicke auf den Weltheiland, auf Jesum als das beste Muster

wohlerzogener Söhne und Töchter zu richten; so leitet mich der Anfang des Evangelii, ehe und bevor ich dieses bewerkstellige, auf eine besondere Weisheit der ewigen Vorsicht. Diese hatte es bey der Erziehung dieses Wunderkindes so geleitet, daß Joseph als ein gottseeliger Pflegvater und Maria als eine Gott und die Religion verehrende Mutter zur Leitung desselben waren auserwehlet worden. Werdet nicht irre, Geliebte in dem Herrn, wenn ihr in unserm Texte leset Jesus sey von Menschen geleitet und zu dem was Gott befiehlet zur Sabbaths- und Festtags-Feyer angewiesen worden: er sey unterthänig gewesen, er habe zugenommen an Weisheit, an Alter; da ihr aus andern [– S. 9 –] Zeugnissen der heiligen Schrifft höret: er sey auch nach seiner menschlichen Natur gesalbet mit dem heiligen Geist und Krafft. Apostelgesch. C. 10. v. 38. In ihm habe die ganze Fülle der Gottheit leibhafftig gewohnet. Eph. C. 2. v. 9. Es ist wahr, Jesus ist nach seiner menschlichen Natur mit den unendlichen Gaben des heiligen Geistes gesalbet worden: es ist wahr daß in ihm auch die ganze Fülle der Gottheit leibhaftig wohnet; aber es ist auch wahr, daß er sich vom Anfang seiner Menschwerdung und auch in seiner Kindheit auf das tieffste erniedriget. Er äuserte sich selbst, nahm Knechts Gestalt an, ward gleich wie ein ander Mensch, Philipp. C. 2. er wollte wachsen und sich andern zum Muster aufstellen, mit dem Zuruffe folget mir nach!

Und worinnen wird uns denn Jesus in seinem zwölften Jahre zu einem Muster aufgestellet? Seine Eltern finden ihn, da er sich ihrer Gesellschafft auf der Rückreise von Jerusalem entzogen, und ängstlich und mit Schmerzen gesuchet wurde, nach dreyen Tagen im Tempel sitzen, mitten unter den Lehrern, daß er ihnen zuhörete und sie fragte.

An dem Tempel zu Jerusalem waren besondre Behältnisse gebauet welche Synagogen genennet wurden. Die Lehrer unterrichteten in diesen Schulen ihre Zuhörer in den Wegen des

Heils. David führet uns auf die für ihm so angenehme Beschäftigung wenn er Ps. 26. v. 6–8. spricht: ich halte mich Herr zu deinem Altar, da man höret die Stimme des Dankens, und da man prediget alle deine Wunder. Herr ich habe lieb die Städte deines Hauses und den Ort da deine Ehre wohnet.

Dürffen wir uns mit einer heiligen Muthmassung beschäfftigen, worinnen die Unterredung des Heilandes mit den Lehrern und Meistern in Israel wohl möge bestanden haben? so urtheilen wir nicht unrecht, wenn wir behaupten: er habe sich mit ihnen unterredet von der Person, von dem Amt und von den Verrichtungen des Erlösers, welchen der Herr dem menschlichen Geschlecht verheissen hatte. Er wird ohne allen Zweifel Frage, Antwort und den damit verknüpften Unterricht dahin gerichtet haben, die bald bevorstehenden Tage des Heils nicht zu verabsäumen und den ankommenden Messias glaubig anzunehmen. Er wird [– S. 10 –] gezeiget haben, Daniels Wochen seyen verflossen; der Engel des Bundes müsse zu seinem Tempel kommen: die Zeit des Herrn, die Seinen zu erlösen, sey vorhanden. Muß ich nicht seyn in dem, das meines Vaters ist? heisset es in der Anrede an seine Mutter, oder welches eben das ist: muß ich nicht den Willen meines Vaters zu vollbringen suchen, welcher mich als einen Lehrer und Propheten in die Welt gesant hat? ich bin darum in die Welt gekommen, daß ich die Wahrheit zeugen soll. Joh. c. 18, v. 37.

Jesus wird ferner in unserm Text als ein Muster wohlerzogener Kinder aufgestellet wenn es von ihm heisset: er gieng mit seinen Eltern hinab, und kam gegen Nazareth, und war ihnen unterthan. Siehe da mein Christ, abermahlen ein Kennzeichen der tiefsten Erniedrigung des grossen Gottes Sohnes. Er ist ein Herr und befolget die Pflichten des vierdten Gebots: du sollst deinen Vater und deine Mutter ehren. Er bestätiget die Billigkeit der göttlichen Fordrungen, er ist unterthänig er ist gehorsam. Deinen Willen mein Gott thue ich gern und dein Gesetz hab ich in meinem Herze, heißt seine Anrede an seinen himmlischen Vater. Ps. 40, v. 9. Auch selbst in den Tagen da er sein Mitleramt verwaltete, gab er seinen Jüngern ein Muster der Unterthänigkeit, der Demuth und des Gehorsams. Er wusch Joh. c. 13. einem jeden, als ein Knecht dem Herrn, die Füsse und verknüpfte damit v. 15. die Vermahnung: ein Beyspiel hab ich euch gegeben, daß ihr thut wie ich euch gethan habe.

Endlich so stehet uns Jesus als ein nachahmungswürdiges Muster vor Augen, wenn unser Text von ihm saget: er habe zugenommen an Verstand an Weisheit an Alter und Gnade bey Gott und bey den Menschen. Jesus wuchs und nahm zu. Er nahm zu an Weisheit, welche er nachhero in dem Betragen gegen alle, mit welchen er zu thun hatte, im reichen Maaße zu erkennen gab. War er gleich die selbständige Weisheit, so wollte er doch jedermann zur Verwunderung darinnen wachsen und auch hierinnen Kindern ein Fürbild werden, wie sie sollten nachfolgen seinen Fußstapfen.

[– S. 11 –] **Zweyter Theil.**
Doch das wird auch eine wichtige Betrachtung seyn, wenn wir noch untersuchen wie nothwendig es sey daß christliche Söhne und Töchter nach diesem Muster erzogen werden. Ich mache, ehe ich die Nothwendigkeit zeige, bey dem gottseeligen Beyspiel der Eltern Jesu eine vorläufige Anmerkung, daß es eine von Gott geforderte Pflicht sey für Eltern und Lehrer, welchen Kinderzucht anbefohlen ist, daß sie solchen jungen Gemüthern mit guten Beyspielen vorzugehen suchen. Joseph war nach dem Levitischen Gesetz verbunden dreymahl im Jahre, auf Ostern, auf Pfingsten und am Lauberhüttenfeste im Tempel zu Jerusalem zu erscheinen, um daselbst den Gott Israels auf eine ihm wohlgefällige Weise zu verehren. Joseph und mit ihm Maria befolgen auch in diesem Stücke den Willen des

Herrn und belehren alle christliche[n] Eltern, daß es nothwendig sey, Kindern durch gute Exempel vorzugehen um ihnen dadurch Hochachtung und Ehrfurcht gegen Gott und seinen Dienst einzuprägen. Ihr Väter ziehet eure Kinder auf in der Zucht und Vermahnung zum Herrn, heisset der besondre Befehl Eph. c. 6, v. 4. und von dem frommen Abraham spricht der Herr zu dessen ewigen Nachruhm. I B. Mos. c. 18, v. 19. Ich weiß, er wird befehlen seinen Kindern und seinem Hause nach ihm, daß sie des Herrn Wege halten und thun, was recht und gut ist; auf daß der Herr auf Abraham kommen lasse, was er ihm verheissen hat. Glückselige Eltern, glückselige Lehrer, die in Erwartung des göttlichen Segens, durch Beyspiele den Willen des Höchsten zu befolgen suchen.

Und solche Eltern und Lehrer sind es, welche bey Erziehung der Kinder es für die höchste Nothwendigkeit achten Jesum zum Muster zu nehmen und Söhne und Töchter nach seinem Bilde zu erziehen. Hören sie von Jesu daß er als ein Kind unter den Lehrern sitzet und ihnen zuhöret, so versäumen sie keinesweges das jugendliche Alter: sie sorgen daß im Christenthume bald ein guter Grund geleget werde. Söhne und Töchter werden fleissig von ihnen zur Schule gehalten, in welcher sie durch Frag und Antwort auf die Absicht ihrer Schöpfung, ihrer Erlösung und Heiligung, aus der göttlichen Offenbarung geleitet werden. Der göttliche [– S. 12 –] Wille Pred. Sal. c. 12, v. 1. gedenke an deinen Schöpfer in deiner Jugend! und die Wahrheit, welche Timotheus 2 Timoth. c. 3, v. 15. aus Pauli Munde hörete: weil du von Kindheit auf die heilige Schrift weissest, kann dich dieselbe unterweisen zur Seligkeit, wird jungen Gemüthern anhaltend eingeschärffet.

Unter diesen Beschäfftigungen achtet man es ferner für eine Nothwendigkeit sich dahin zu bearbeiten den Verstand junger Gemüther zu bessern und den Willen zum Guten zu lenken.

Von dem Heilande heißt es in unserm Text: jedermann wunderte sich seines Verstandes: er nahm zu an Weisheit. Siehet man auf das natürliche Verderben aller Menschenkinder: bezeiget ein erleuchteter Apostel I Cor. c. 2, v. 14. der natürliche Mensch vernimmt nichts vom Geiste Gottes: es ist ihm eine Thorheit und kann es nicht erkennen; so ist es ja eine nothwendige Bestrebung, wenn man unter göttlicher Gnadenwürkung die Erkenntniß der Kinder zu erweitern und ihren Verstand mit Heilswahrheiten zu erfüllen sich angelegen seyn lässet.

Hienächst muss auch der Wille gelenket werden. Thorheit steckt dem Knaben im Herzen. Spr. Sal. c. 22, v. 15. Wie nothwendig ist es dahero, daß man bey der Kinderzucht sich bemühe, Thorheit aus den Herzen auszurotten, damit in Erweisung wahrer Weisheit die erkannten Wahrheiten rege werden und sich in Gott wohlgefälligen Tugendwandel thätig erweisen. Salomo saget in seinen Sprüchwörtern c. 9, v.10. Der Weisheit Anfang ist des Herrn Furcht; und der Verstand lehret was heilig ist.

Endlich müssen Söhne und Töchter auch in dem Stücke nach dem Muster Jesu Christi gebildet werden, wenn es in unserm Evangelio heisset: er war als ein Kind seinen Eltern unterthan. Hartnäckige, unbeugsame, trotzige und störrische Gemüther sind der menschlichen Gesellschafft zur Last. Wie nothwendig ist es also, daß junge Kinder bey Zeiten zur Unterthänigkeit geleitet werden. Unterthänigkeit machet sie dienstfertig und gefällig. Sie werden in allen Ständen brauchbar und lernen den Nutzen derer befördern, welchen sie nächst Gott ihre Wohl- [– S. 13 –] farth zu danken haben: sie lernen in zunehmenden Alter die von Paulo Eph. c. 5., v. 21. befohlne Pflicht ausüben: Seyd unter einander unterthan in der Furcht Gottes.

Der Segen welcher von einer solchen Erziehung eingeerndet wird, ist alsdenn sichtbar und erfreulich. Sie wachsen an Alter und Gnade bey Gott und den Menschen. (...) Sie wachsen endlich auch an Gnade bey den Menschen, denn sie sind bey Jedermann beliebt und angenehm. Ein jeder Menschenfreund suchet auch ihr äuserliches Glück nach seinen Kräfften zu erhöhen und ihre Wohlfahrt zu befördern. O glückselige Kinderzucht, die da nach dem vollkommenen Muster des Heilandes Jesu Christi angefangen, und mit so grossen Segen begleitet wird.

Beschluß.

Beym Beschluß dieser vorgetragenen Wahrheit will ich selbige noch zu einer allgemeinen Erbauung anzuwenden suchen, und das soll geschehen durch eine anzustellende Prüfung und durch eine Ermunterung. Prüfen muss sich heute ein jedweder im Heiligthum vor den Angesicht seines Gottes, ob er die Absicht seiner Erziehung an sich in die Erfüllung gebracht siehet. Auch im männlichen Alter muß der Christ wachsen, er muß wachsen und zunehmen im Glauben, in Gottseligkeit, in Liebe, in Demuth. Wir sehen die mehresten Menschen wachsen an Alter, und das ist fast alles was von ihnen kann gesaget werden. Viele wachsen an Bosheit, Arglist, Spitzsinnigkeit und Betrüglichkeit, aber an Söhnen und Töchtern im Reiche Gottes, an Kindern des Lichts, ist ein grosser Mangel. Fehlet es etwa an Aufstellung des Beyspiels Christi zur Nachahmung, und fehlet es an Zucht und Vermahnung zum Herrn? Nein keinesweges: Finsterniß bedecket die Völker! Hinweg demnach mit der Decke, die eure Augen bisher aufgehalten hat, ihr Unbußfertigen und Ungehorsamen! Trachtet wieder nach dem Reiche Gottes [– S. 14 –] und nach seiner Gerechtigkeit. Suchet bußfertig und gläubig die Gnade des Erbarmungsvollen Gottes: Suchet und erbittet sie in dem Namen Jesu Christi, sie wird sich an euch reichlich offenbahren.

Die Ermunterung soll euch angehen, ihr Eltern, die ihr es bisher an der Zucht eurer Kinder habt fehlen lassen: an euch die ihr nicht mit guten Beyspielen vorgegangen seyd! So wie dem

Joseph das Jesuskind zur Pflege und Vorsorge von dem himmlischen Vater war anbefohlen worden; eben so hat euch Gott eure Kinder zur Verantwortung anvertrauet und ihr seyd es, welche diese Seelen bewahren müssen. Lasset euch das ein denkwürdig Wort seyn, welches der Herr am Berge Sinai redete, da er den Menschen seine allerheiligsten Gebothe bekant machte: Ich bin der Gott, der die Sünden der Väter heimsuchet an den Kindern bis ins dritte und vierdte Glied. Auf besorget euer und eurer Kinder bestes. Sorget daß ihr diese nicht nur nach dem Muster Jesu Christi bildet, sondern daß sie nebst euch in ihm das rechte Heil suchen und mit euch dereinst ewig selig werden.

Noch etwas ist beym Beschluß dieser Andacht meiner Aufmerksamkeit denkwürdig!

Wir erblicken heute in unserm Gotteshause zum erstenmahl ein Gesellschafft armer verlassen gewesener Kinder, welche unter gnädigster Concession unsrer Durchlauchtigsten Obervormundschaffts Herrschafft, nach der Absicht des sorgfältigen und würdigen Herrn Stiffters in einer Real Schule auf die Absicht ihrer Schöpfung geleitet und zu nutzbaren Gliedern der menschlichen Gesellschafft erzogen werden sollen. Was werden wir denn für Antheil an dieser neuen Stiftung nehmen? Wir werden uns freuen, wenn uns zur Seiten Söhne und Töchter erzogen werden: Söhne und Töchter welche nach dem vollkommensten Muster ihre Erlösers gebildet werden: Söhne und Töchter, die da gelehret werden, wie sie den Herrn fürchten, sein Wort heilig halten; duch Frag und Antwort sich lehrbegierig in der Heilsordnung unterrichten lassen. Söhne und Töchter, die man wachsen siehet an Weisheit, Alter und Gnade bey Gott und den Menschen. Mein Gebeth soll heute zur Beförderung die- [– S. 15 –] ses erwünschten Endzwecks an dieser heiligen Städte jen Himmel steigen und aus der unerschöpflichen Quelle alles Segens Unterstützung und Beystand erbitten. Herr führe du

das angefangene Werk herrliche hinaus! wächset keine Rose, wo
nicht ein Dorn dabey ist; verknüpffte das Alterthum mit diesem
Sprichwort die Wahrheit: daß man bey glücklichen Wachsthum
jeder guten Sache mancherley Schwierigkeiten antreffe; so hilf
du Herr bey kummervollen Zeiten alle Schwierigkeiten segnend
überwinden! Eröffne selbst die Quellen, aus welchen man für
das Armuth schöpfen kann und verherrliche durch erweckte
Wohlthäter deinen Nahmen. Nun ewiger Gott! in deinem Nahmen müsse es in allen Schulen der christlichen Kinderzucht
wohlgelingen! in deinem Nahmen müsse auch unsre Kinderzucht gesegnet seyn! Sprich auch in dieser Beschäfftigung ja zu
unsern Thaten, hilf selbst das beste rathen, den Anfang Mittel
und Ende ach Herr zum Besten wende. Amen!

2.4 Chr. Reichart: Sollte wohl ein Erfurter klagen können, über den Mangel der Schulen (1762)

**Sollte wohl ein Erfurter klagen können, über den Man-
gel der Schulen. In: Christian Reicharts, Erfurtischen
Hochedlen Raths andern Rathsmeisters, Erfurtischen
Hochehrwürdigen Ministeriums Assessors und der Kö-
niglichen Deutschen Gesellschaft in Göttingen, und
der Churfürstlich Mayntzischen Academie nützlicher
Wissenschaften, Mitgliedes, Gemischte Schriften. 1762.
Erfurt, verlegts Heinrich Rudolph Nonne, Universitäts
Buchdrucker. S. 284–306.**

[– S. 285 –][164] § 1) **Von Erfurtischen Schulen überhaupt.**
Die Klagen wegen der Schulen pflegen von doppelter Art zu
seyn; denn sie betreffen entweder deren **Mangel** oder die

---

164 Die Seite 284 des Originals enthält die Überschrift der Abhandlung
sowie ein knappes Inhaltsverzeichnis über die 13 Paragraphen, dessen

Fehler derselben. Was die letzten betrift, so haben die Gelehrten schon in öffentlichen Schriften über das Verderben
der Schulen geklagt, und durch gute Vorschläge sich bemühet
den eingeschlichenen Fehlern abzuhelfen*) O! Wie wünschte
ich, wie wünschten mit mir alle rechtschaffene[n] Patrioten,
daß wir über unsere Schulen solche Klagen nicht auch führen
dörften! Oder daß die Obern mit vereinigten Kräften solchen
Uebeln sich möchten widersetzen! wo will der rechtschaffene
Unterthan gefunden werden, wenn der [– S. 286 –] erste Zu-
schnitt der Jugend in der Schule verdorben wird? Oder wollen
wir das so lange gebilligte Sprichwort verwerflich machen: urit
mature, quod vult urrica manere? Davor die Deutschen sagen:
Was ein Häkgen werden will, krümmt sich bey Zeiten. Des
Sprichworts von Hansen und Hänsgen nicht zu gedenken, weil
es allzubekannt ist.

Was aber zweytens die Klage betrift, wegen des Mangels
der Schulen, so giebt es Länder, welche solche billig führen,
indem die Schulen in solcher Wenigkeit zu finden, daß
die Kinder etliche Meilen darnach zu gehen haben. Wir
in Erfurt würden zu erkennen geben, daß wir Hospites
in patriam[165] wären, [– 287 –] wenn wir sagen wollten, es
fehle uns an Schulen, man mag nun dadurch verstehen
die Trivial-Schulen, oder ein Gymnasium, oder eine hohe
Schule.

[– Anm. S. 285 –] *) Solche Schriften heissen: Desideria scholastica;
    und als der Jenaische Professor, **Friedr. Andr. Hallbauer**[166], des
    berühmten Jo. Sturms de institutione scholastica, zu Jena heraus-

---

    Angaben im Folgenden direkt bei den jeweiligen Paragraphen im Text
    wortwörtlich wiedergegeben werden.
165   Feinde im Vaterland.
166   Friedrich Andreas Hallbauer (1692–1750) war 1731 Professor für Bered-
    samkeit und Dichtkunst in Jena und erhielt dort 1740 eine außeror-
    dentliche Professur in der Theologie, vgl. Wagenmann, *Hallbauer*.

gab 1730 in 8, setzte er dem Werke eine Vorrede vor, sammt solchen
desideriis, deren 46 an der Zahl sind, und wär zu wünschen, daß
jede Obrigkeit möchte behülflich seyn, die Schulen nach solchen
Vorschlägen zu verbessern, zumal deren Verfall fast allgemein zu
seyn scheinet. Bisweilen fehlts an hinlänglichen Anstalten, den
Verstand junger Leute zu bessern; bisweilen setzt man die Verbesserung des Willens bey Seite, und die Gelehrsamkeit soll allein der
menschlichen Gesellschaft [– S. 286 –] wohl befördern; aber weit
gefehlt; bisweilen fehlts an beyden Stücken, so desto schlimmer
ist. Ein schönes Buch ist auch **Heinr. Christoph Engelhards**,
Lehrers am Gymnasio zu Corbach, Tractat: Vernünftige und
christliche Gedanken von Verbesserung des Schulwesens, 4 auf
275. Seiten; S. die Götting. Anzeigen 1754. No. 29. Er bleibt allein
beym Gymnasio. Vor wenig Jahren gab der berühmte Rector des
Hallischen Gymnasii, **Jo. Mich. Gasser**[167], seine Vorschläge auf
3 Bogen heraus in 4 in deutscher Sprache, als ein Schul-Programm-
ma, wie sein Gymnasium könnte verbessert werden. Und der berühmte, nun verstorbene Pr[ofessor] **Gesner**[168] in Göttingen in
seinen kleinen deutschen Schriften 1756 in 8 zeigt auch, wie ein
Gymnasium einzurichten vor allerhand Menschen.

§ 2) Wir haben dreyerley Schulen, 1) Trivial-Schulen.

Denn der ersten zehlen wir so viel, als evangelische Kirchen
gangbar sind, folglich 8, wenn ich nur von den Knaben-Schu-
len, als von den wichtigsten rede; denn sonst sind ja über jene
eben so viel Schulen vor die Mädgen. Die Brühler-Schule ist vor
beyderley Geschlecht. Alle diese stehen aufrecht Auctoritate pu-
blica, das ist, durch obrigkeitliche Veranstaltungen; wie denn

---

167 Johann Michael Gasser (1700–1754) wurde 1724 Lehrer am Pädagogium
     zu Halle, 1728 Rektor zu Calbe und 1732 Rektor des lutherischen Gym-
     nasiums in Halle, vgl. Meusel, *Schriftstellerlexikon*, Bd. 4, S. 29f.

168 Der Philologe Johann Matthias Gesner (1691–1761) war ab 1730 Rektor
     der Thomasschule in Leipzig, die er von Grund auf reformierte. 1734
     wurde er nach Göttingen auf die Professur der Beredsamkeit und
     Dichtkunst berufen und war dort auch Universitätsbibliothekar, vgl.
     Schindel, *Gesner*.

auch die Besoldungen zum Theil, zumal den Rectoren von den Cameral-Einkünften bezahlt werden, vor das übrige stehen die Kirchen-Vorsteher; in den Schulen vor das schwächere Geschlecht müssen die Eltern durch ihre Quartal-Gelder die Lehrenden mehrentheils erhalten. Jede Knaben-Schule verehrt nebst dem Rector auch einen (sogenannten) Conrector und Cantor, über diese 3 bald noch 1, bald 2, bald noch mehrere, so, daß an mancher Schule 7 Collegen gezehlt werden. Solches ist auch nöthig, da in mancher Gemeinde der Kinder etliche[169] 100 gezehlet werden, und die Lectiones gehen vom A, B, C, bis in Prima, in welcher obern Classe auch Griechisch vorgetragen wird; die Latinität aber muß so weit ge- [– S. 288 –] trieben werden, daß sie ohne grobe syntactische Fehler*) etwas im Latein vortragen können. Denn wer, wo nicht völlig, doch etwas studieren will, wird aus solchen Schulen ins Gymnasium gebracht.

*) So lautet das Gesetz eines zu recipirenden Gymnasiasten; und darauf drung man sonsten, jetzo aber heißts damit: O quantum mutatus ab illo[170]!

§ 3) 2) Das Gymnasium.
Und das ist die Mittel-Gattung zwischen der hohen Schule und den vorgedachten. Von dessen Lage und Einrichtung setze ich nichts her, weil oben so viel als nöthig davon zu lesen ist, da ich das Jubiläum solches Gymnasii beschrieben.[171] Die Römisch-Catholischen haben auch Trivial-Schulen, aber nicht so viel, als sie Gemeinden haben, es sind auch denselben nicht so viele Lehrer gesetzt, weil sie so vieler nicht bedürfen, theils wegen der kleinern Anzahl der Kinder, theils weil die, so Latein zu

---

169 Weit über.
170 Wie anders (der heutige Gymnasiast) gegen jenen (von damals)!
171 Gemeint ist die Beschreibung *Vom Jubiläo des evangelischen Raths-Gymnasii in Erfurt*, vgl. Reichart, *Gemischte Schriften*, S. 253–263.

lernen sich vorgesetzt, sich gar frühzeitig zu den Vätern von der Gesellschaft Jesu wenden, deren Schule vor ihr Gymnasium zu halten ist.

§ 4) 3) Die hohe Schule.

Wer aber auf solche Anfangs-Gründe der Latinität, der griechischen und hebräischen [– S. 289 –] Sprache, der Theologie, Philosophie, Historie, Poesie und Oratorie will ferner bauen, um einen recht gelehrten Mann vorzustellen; der wird aus dem Gymnasio in die hohe Schule, oder Academie aufgenommen. Ich verstehe hier aber die alte Academie, da theils auf Unkosten der Obrigkeit, theils der Herren Studenten nicht nur vorgedachte Lehren weitläuftiger und gründlicher vorgetragen werden, sondern man kann darneben die Juristerey und Arzney-Wissenschaft (daß ich mehrerer nicht erwähne) erlernen, auch darinnen Magister, Licentiat, Baccalaureus und Doctor werden, doch mit der Ausnahme, daß die theologische Facultät lediglich bey den Römisch-Catholischen ist. Unterdessen geht der Lehre solcher Gottesgelahrtheit dadurch wenig ab, indem nicht nur unser Hochwürdiger Herr Senior einen wirklichen Professor darinnen vorstellet, sondern die übrigen Herren Pastores und Diaconi sind auch zum Theil so willig als geschickt, den Herren Studenten die göttlichen Lehren bekannt zu machen, wenn diese nicht wegen ihrer Wenigkeit solchen Fleis hinderten, theils weil ihnen das Vorurtheil im Wege steht, sie wären keine Professores, verstünden also nicht so viel, als einer so ein Diploma von hoher Hand aufweisen kan. Es ist lächerlich. Denn wer begreift wohl, daß der, so heute ein Pursch[172] heist, bey dem morgenden Doctorat aber sich [– S. 290 –] den Doctor-Huth aufsetzen läßt, auf einmal aus einem Ignoranten ein scharfsinniger Gelehrter wird? Und siehe, man glaubt es.

---

172 Bursche, Student.

§ 5) Eine Real-Schule fehlt.

Welchen Mangel beklagt denn also ein Erfurter? Ich will versuchen, ob ich im Rathen glücklich bin. Es wird vielleicht die abendländischen Sprachen betreffen, als die Französische, Italiänische und Englische, welche in Jena sich bekannt zu machen mehr als eine Gelegenheit war, als ich mich auf dasiger hohen Schule aufgehalten. Ingleichen die morgenländischen, als Syrisch, Arabisch, Persisch, Aetiopisch, Malabarisch[173], u. s. f. Diese zu erlernen haben die Hallischen Musen-Söhne Gelegenheit. Das Schütteln mit dem Haupte giebt mir zu verstehen, die Sache nicht getroffen zu haben. Denn wer sich zu keiner Mißion will brauchen lassen, kan das Malabarische und Aetiopische entbehren. Deutschland ist unsern Leuten viel zu angenehm, als daß man solches mit den Wilden vertauschen wollte. Wer keine Abgesandten-Stelle bei den beschnittenen Muselmännern oder Persianern bekleiden will, als wozu ein Erfurter nicht leicht Gelegenheit findet, dem kan die Unwissenheit im Arabischen und Persischen nicht schädlich sein. Das Syrische ist einem Theologo zwar nütz- [– S. 291 –] lich, aber es ist doch nur eine Übersetzung des Neuen Testamentes, welcher die Grund-Sprache weit vorzuziehen. Und was soll ich von den abendländischen sagen? Zierden sind sie vor einen Mode-Gelehrten, dienlich sind sie zum Verständnis vieler nützlichen Bücher; aber das Haupt-Studium der obern Facultäten leidet durch deren Erkenntnis wenig Zuwachs, zumal da das Beste von solchen Büchern in unsere Mutter-Sprache übersetzt zu werden pflegt. Ueberdies kan man auch allhier Lehrer der Gallischen und Welschen Sprache haben, wenigstens privatim[174]. Und schließlich sage ich ja nicht, daß die Unsrigen nicht sollten von hier gehen; nur könnten sie wenigstens die hiesigen Anstalten sich eine Zeitlang zu Nutze machen, und alsdenn

---

173 Malabar ist eine Region in Indien.
174 In nicht-öffentlichen Lehrveranstaltungen.

die auswärtigen Lehrer mit mehrerm Verstande und Nutzen hören, zumal, wenn mancher auf dem Gymnasio den Grund nicht also gelegt [hat], wie er gesollt. Doch breche ich solchen Discours ab, und sage zu der oben erwähnten Frage ein deutliches und verständliches Ja. Es kan ein Erfurter wünschen, daß eine Real-Schule hier angelegt würde.

§ 6) Was ist eine Real-Schule?

Wie? (denn diesen Einwurf wird man mir allhier machen) Kommt nicht das Wort Real her von res, eine Sache? Hat man denn im vorerzählten Schulen mit keinen [– S. 292 –] Sachen zu thun, sondern lediglich mit Wort-Erklärungen? Zumal in mittlern und höhern Schulen wird die Gottesgelahrtheit beschrieben als eine Lehre von Gott, als dem Schöpfer und und von dessen Geschöpfen; sollten das keine Sachen seyn? Die Weltweisheit ist ja auch entweder[175] eine betrachtende (theoretica), sondern auch eine ausübende (practica), sind das keine Sachen? Der ungemein scharfsinnige Cicero im 2ten Buche von den Pflichten im 2ten Cap. hat schön geschrieben, die Philosophie sey Scientia rerum diuinarum & humanarum, causarumque, quibus hae res continentur[176].

Hierauf dienet, daß es ausgemacht [ist], daß die mehresten Theile unserer Erkenntnis uns zur Beschäftigung führen müssen; sonst würde ein Gelehrter nur ein Vergnügen über sich haben, die menschliche Gesellschaft hätte davon keinen Nutzen, welchen doch ein vernünftiger Mensch nie aus den Augen zu lassen hat. Aber man kan doch nicht von allen Beschäftigungen sagen, daß sie nothwendige Folgen von der Gelahrtheit

---

175 Nicht nur.
176 ... [D]ie Wissenschaft von den göttlichen und den menschlichen Sachen und den Ursachen, durch welche diese verbunden werden.

sind. Z. E. Spinnen, Stricken, Weben, Kochen, Brauen, Stücken[177]
u. s. f. lernet man nicht in den vorgemeldeten Schulen; gleichwohl aber wollen Leute seyn, welche in dergleichen Dingen so
viel Uebung erlangt [haben], daß reiche und vornehme, so solches selbst zu thun entweder keine [– S. 293 –] Lust, oder keine
Zeit haben, oder ihres Stands wegen es nicht thun können, sich
ihrer Geschicklichkeit bedienen können.

Es giebt noch viel andere Geschäfte, so nicht sowohl dem weib-
lichen, als männlichen Geschlechte anstehen, wozu ebenfalls
eine Anführung gehört, als das Brantewein-Brennen, die Fär-
ber-Kunst, Verwalter, Knechte u. s. f. Aus dieser Erzehlung mache man sich einen Begrif von der Real-Schule. Nemlich sie ist
ein Ort, wo mehrere Kinder zugleich durch geschickte Lehrer
und Lehrerinnen zu vorerzehlten Verrichtungen angeführt
werden, daß man zur Zeit sich ihrer Dienste gebrauchen könne.

§ 7) Sie ist nöthig und nützlich, 1) um andern zu dienen.
Sollte jemand der Meynung seyn, die Anlegung einer solchen
Schule sey weder von solcher Nothwendigkeit noch Nutzen,
daß dergleichen hier zu haben so eifrich wünschen sollte; der
würde zu erkennen geben, daß ihm die Umstände vornehmer
Häuser, sonderlich der Standes-Personen, wozu ich auch fürstliche, gräfliche und dergleichen Familien rechne, ganz unbe-
kannt, ingleichen daß er mit keinem Gesinde viel zu thun gehabt, sonst würde er besser wissen, wie etwas rares gut Gesinde
sey, welches heut zu Tage nicht gerne viel thun, aber viel Lohn,
nebst Essen und Trinken vollauf sich ausdingen will. [– S. 294 –]
Wenn nun ein Hausvater oder Hausmutter zu einer gewissen
Profeßion nicht satt Leute hat, so müssen sie selbst einige dazu
anführen*), welches sehr mühsam und verdrüslich, zuweilen
aber gar nicht thunlich ist, weil entweder andere Geschäfte es

---

177 Wahrscheinlich: Sticken.

nicht verstatten, oder weil Visiten, Krankheiten, Wochenstube u. s. f. eine Hindernis verursachen.

*) Und wie sieht es alsdenn aus, wenn z. E. eine Hausmutter selbst kein Stück Essen machen kan, und soll es dem Gesinde lernen?

Wenn aber endlich in einer Haushaltung oder Fabrik jemand angeführt worden, so muß man oft zum grösten Misvergnügen sehen, wie sie von andern sich abspenstig machen lassen, wie sie den Dienst aufsagen; daß alsdenn die Herrschaft mit neuen Gesinde wieder ein verdrüslich repetatur, oder da Capo anstimmen muß. Oder sie darf auch keine saure Mine zu der schlechtesten Aufführung solches Gesindels machen, sonst schlägt sie das Kalb in die Augen, zumal wo das Gesinde nicht in bessern Zwange[178] gehalten wird, als hier geschiehet. Und wie? wenn solche Personen selbst sich verheurathen und ihre eigene Wirthschaft anfangen wollen? Soll man sie davon gänzlich abhalten? Ich wollte dazu nicht rathen. Wo nehmen solche Familien gleich wieder andere [– S. 295 –] her, wenn keine solche Real-Schulen sind, daraus man den Abgang alsbald wieder ersetzen kan. Und solchen angehenden Eheleuten ist auch selbst weit besser gerathen, wenn sie etwas rechtes verstehen, wodurch sie andern beyspringen, und sich selbst dadurch besser unterhalten können. Sonderlich, da heut zu Tage auf die Fabriken so viel gehalten wird, zu welchen gar viel Personen gehörig sind. Man nehme nur unter vielen die Profeßion der Zeugmacher[179]; wie viel Spinnräder gehören darzu? Muß nicht die Wolle erst gekammt werden, ehe es zum Spinnen kommt? Wurden nicht vor etlichen Jahren dergleichen Leute aus unserer Stadt und Lande nach Schweden berufen und verschrieben,

---

178 Zucht.
179 Tuchmacher für leichte Wollstoffe.

blos wegen der Wollen-Fabrik, so dort sollte in Schwang gebracht werden?

§ 8) 2) Um andere zu lehren.

Ein Schul-Lehrer führt die Untergebenen nicht nur an zum Lernen, daß sie mit der Zeit durch ihre Gelehrsamkeit den Lehrern Ehre machen sollen, sondern er muß aus ihnen auch Leute ziehen, so nach ihm können das Lehramt fortsetzen. Ich will hiermit so viel gemeynet haben, daß solche in der Real-Schule unterrichtete Personen nicht nur können da und dorthin berufen und verschrieben werden, um in der Sache Dienste zu leisten, wozu sie vorzüglich geschickt sind, sondern sie kön- [– S. 296 –] nen auch andere wieder dazu anführen, so dergleichen zu wissen nöthig haben. Ich will mich deutlicher erklären. Frau Ursula hat eine Köchin berufen, weil sie zu solcher Verrichtung selbst entweder keine Zeit oder kein Geschick hat. Die Köchin wird krank; die Familie will essen; wo geschwinde eine andere her, so unterdessen, bis jene wieder gesund wird, in die Küche geht? Ist es denn nicht besser, daß Frau Ursula selbst, oder ihre Töchter, oder auch wohl ihre übrigen Mägde sich bemühen der Köchin etwas abzusehen oder sich von ihr anführen lassen, um im Nothfalle selbst etwas zu Tische bringen zu können?

Es tritt manche Nymphe in den Ehestand, und hat vom Haushalte so wenig begriffen, als die Krähe vom Sonntage. Denn die Mütter verzärteln oft ihre Kinder, und lassen sie keinen Finger ins kalte Wasser tauchen; den ganzen Tag nehmen sie entweder am Fenster von den Vorbeygehenden Complimente ein, oder putzen sich, oder lesen eine Roman, oder wenns hoch kommt, setzen sie sich an den Nehramen. Plötzlich heist es: Die Tochter ist eine Braut, binnen 4 Wochen ist die Hochzeit. Da stehen die Ochsen am Berge. Die Braut weis nichts, und kan nichts; die Mägde müssen alles thun, diesen überläßt sie die Schlüssel zur Speise-Kammer und Keller, [– S. 297 –] zur Butter, Fett, Speck,

Fleisch, kurz, zu allen Eß-Waaren, um nur vor den Tisch zu sorgen. Ich lasse es noch gelten, daß man mit Flachs einheitze, wo genug ist; aber was thut eine solche Unglückliche, wenn sie gewahr wird, daß dadurch ihre Haushaltung zu Grunde geht? Sie schäme sich nicht noch etwas von geschickten Personen zu lernen, und wenn es auch etwas kosten sollte; es ist doch besser, als wenn ihrer Ungeschicklichkeit wegen die Leute spöttisch von ihr reden. (...)

[– S. 298 –] (...) § 9) **Es giebt Real-Schulen in einigen Stücken.**

Daß ich aber der Haupt-Absicht dieser Nummer näher komme, so theile ich die Real-Schulen in **allgemeine** und **besondere**. In einer **allgemeinen** werden die Kinder auf fremde Unkosten, wo nicht zu allen Stücken der mancherley Gattungen der wirthschaft oder Haushaltung, jedoch zu den mehresten und wichtigsten angeleitet. In der **besondern** aber zu einem Stücke. Die letztere Gattung ist an mehr Orten eingeführt, welches [– S. 299 –] man auch von unserm Erfurt sagen kan. Sind nicht die Waisenhäuser solche Schulen, da entweder auf Kosten der Obrigkeit, oder derer, so durch milde Stiftungen dergleichen errichtet haben, oder derer, so durch freywillige Geschenke solche erhalten helfen, arme Kinder beyderley Geschlechts angeführet werden zu einer gewissen Verrichtung?[180] folglich kan man solche Häuser mit Recht eine Real-Schule nennen. Ich bleibe bey unserm evangelischen und catholischen noch etwas stehen. Es befindet sich darinne eine ziemlich Anzahl Knaben und Mädgen, so nichts zuschiessen können, und die kleinesten müssen Wolle zupfen, die grössern aber spinnen dieselbige; dadurch wird der Wollen-Fabrik sehr fortgeholfen, es mag nun

---

180 Die Zöglinge in Waisenhäusern mussten üblicherweise einfache Handarbeiten verrichten, zum Teil waren auch Buchdruckereien oder andere Werkstätten angeschlossen, in denen Waisenkinder halfen.

das Garn verkauft, oder etwas daraus zu weben, hingegeben werden. Wenn die Mädgen stark genug [sind], und zu Mägde-Diensten verlangt werden, werden solche heraus gelassen; die erwachsenen Knaben können sich ein Handwerk wählen. Und weil diese Erziehung nicht würde hinreichend seyn, dieser Kinder Glückseligkeit zu befördern, wenn sie nicht zugleich zur Erkänntnis Gottes, und aller Stücke des Christenthums angeleitet würden; so ist die hochansehnliche Inspection solcher Anstalten jederzeit dahin bedacht, durch einen geschickten Studiosum, so deswegen daselbst seine besondere Wohnung nebst der nö- [– S. 300 –] thigen Verpflegung findet, die Kinder täglich zum Lesen, Schreiben und Rechnen anzuführen, mit ihnen zu beten und zu singen, u. s. f.

In Leipzig, so viel ich Nachricht habe, hat man bey dem Waisenhause sein besonder[es] Augenmerk auf die Seiden-Fabrick, daher die Kinder angewöhnt werden, solche zu zupfen, zu krempeln, zu spinnen. Was zum Studieren Lust hat, wird alsdenn in die Thomas-Schule geschickt. Meines Wissens, hat des jetzigen Königs in Polen Herr Grosvater den Grund darzu gelegt, so durch milde Stiftungen nachhero sehr verbessert worden [ist].

§ 10) Aber auch in mehrern, wo nicht in allen Stücken.
Weit seltener aber sind die algemeinen Real-Schulen, wovon § 6 ein Vorschmack gegeben worden [ist]. Hier soll das übrige folgen. Ein vornehmer, angesehener, in Cameral- und öconomischen Dingen ungemein scharfsichtiger und erfahrner Mann, welchen ich hernach zu nennen kein Bedenken trage, legt folgende Gründe zur Erkänntnis dieser Sache. Alle **Wirthschaft** theilet er in 3 Classen; die erste heißt die **Landwirthschaft**; die zweite die **Stadtwirthschaft**; die dritte die **moralische Wirthschaft**.

Die erste beschäftiget sich damit, daß sie die Dinge, so die **Natur** hervorbringet, in [– S. 301 –] vollkommenere Umstände zu setzen trachtet. Als das Getrayde, die Gräserey, die Garten-Früchte, das Holz, das Vieh u. s. f.

Die **Stadtwirthschaft** giebt Anleitung, die vorstehenden Werke der Natur zu verarbeiten; deswegen sind zu solcher zu rechnen alle Gewerke, Manufacturen, Fabricken, Handwerke, die Kochkunst, mehrerer nicht zu gedenken.

Die **moralische** enthält diejenigen Regeln, so uns lehren in unsern Beschäftigungen gehörige Ordnung zu beobachten, so uns geschickt machen, die zur Erreichung unseres Entzwecks dienliche Mittel zu erfinden, und die Wege zu entdecken, die uns solcher Mittel Anwendung, und die Erreichung unserer Absicht möglich machen.

Wie nun keinVernünftiger leugnen wird, daß ein grosser Theil der Glückseligkeit der menschlichen Gesellschaft auf die Erkenntnis und Ausübung gedachter Dinge ankomme; so muß auch ein jeder bekennen, daß es bey uns, ja an den mehresten Orten, an Vorrath solcher Leute fehle. Also soll in einer Real-Schule solche Erkänntnis der Jugend beygebracht werden.

[– S. 302 –] Er hält also vor die beste Einrichtung derselben, wenn 1) keine andere Kinder darinne aufgenommen werden, als welche sich den wirthschaftlichen Beschäftigungen der Menschen widmen wollen.

2) Die Unterweisung kann in eine **allgemeine** und **besondere** eingetheilt werden. Jene wird den Mädgen sowohl, als den Knaben zu Theil, und kan wiederum in die **moralische** und **wirthschaftliche** getheilt werden. Jene trachtet nicht nur den **Verstand** der Kinder zu verbessern durch die Erkänntnis ihres

Schöpfers, ihrer selbst, nebst der Absicht ihres Daseyns, und derer hieraus herzuleitenden Pflichten; sondern sie sucht auch den **Willen** folgsam zu machen zur Ausübung solcher Pflichten, und zur Erstickung der unordentlichen Eigenliebe.

Die allgemeine **wirthschaftliche Unterweisung** geht auf Dinge, so in alle wirthschaftliche Unternehmungen einen sehr merklichen Einfluß haben, als das Lesen, Schreiben, Rechnen, Zeichnen, nebst den Regeln, so zur Beobachtung guter Ordnung anleiten, bey unsern Verrichtungen.

Die **besondere** Anweisung geht theils auf die **Knaben**, theils auf die **Mädgen** allein. Jene treiben Mathematick, Mechanick, Na- [– S. 303 –] turlehre, Scheidekunst und Oeconomie, so weit es möglich und nöthig [ist], wenn eine wahrhaftige Geschicklichkeit in Wirthschafts-Sachen entstehen soll. Ja, so weit es die Umstände erlauben, werden sie auch zur Anwendung solcher Erkänntnis angeführet.

Die **Mädgen** müssen Gelegenheit bekommen zum Nähen, Spinnen, Stricken, Stücken[181], Kochen, Wartung und Pflegung des Viehes, nebst der wirklichen Anleitung, solches zu üben.

3) Wenn die Kinder so alt [sind], daß sie zu einer gewissen Lebensart greifen müssen, werden sie billig zu solcher noch insbesondere geschickt gemacht, und bis dahin bleiben die Kinder in solcher Schule.

§ 11) **Ein wirklicher Vorschlag, dergleichen anzulegen.**
Mir gefallen diese Vorschläge ungemein, und mich wundert mit nichten, wenn unsere Erfurter, indem sie dieses lesen, zu wünschen anfangen: O wenn doch dergleichen hier auch zu

---

181 Sticken.

finden wär! Ein anderer möchte sich moquiren über solche Vorschläge, solche vor unthunlich ausschreyen, und als unnütze,
vergebliche, und aus einem Protocoll Utopiens oder Schlaraffen-
landes entlehnte Grillen nicht einmal der Ueberlegung würdig
achten. Allein, nur gemachsam, mein Freund! Die- [– S. 304
–] se Vorschläge sind allbereits nicht nur entworfen, sondern
mein Herr Eidam[182], Herr Hofrath **Joachim Georg Darjes** in
Jena (ich habe oben versprochen ihn zu nennen) will mit Gottes
Hülfe auf seinem Freygute zu Camsdorf bey Jena dergleichen
anlegen; ja es ist allbereit der Anfang damit gemacht, und arme
Kinder, Mägdlein und Knaben sind gekleidet und aufgenommen worden, unter dem Namen der Rosen-Schule bey Jena; ein
gedruckter Bogen in 4. macht solches bekannt. Die Aufsicht be-
hält er sich vor, setzt aber einen Inspectorem Adjunctum[183], so
unter ihm stehet, aber in der Schule wohnt, alles dirigirt, und
auf alles genau Acht hat.

§ 12) Unkosten dabey.
Die Unkosten bey einem solchen Vorhaben wollen gewiß sehr
viel bedeuten. Der Herr Hofrath giebt im 7. und 8. §, des andern
Artickels des gemachten Entwurfs zu dieser Schule, die **Quellen**, aus welchen er diese Unkosten schöpfen will, mit folgenden Worten an: „Die Quellen zu dieser Unterhaltung vertheile
ich in die **allgemeine** und in die **besondere**. Die **allgemeine**
ist die wahre und gegründete Menschen-Liebe. Gott wird gewis
die Herzen seiner Freunde erwecken, daß sie einige Brosamen
von ihren Gütern auch diesen armen Kindern zufliessen lassen.
Die **besondern** Quellen sind [– S. 305 –] daß 1) etwas durch
die Arbeit dieser Kinder erworben wird; das kommt zur allgemeinen Casse. 2) Sind einige Kinder nicht völlig arm, so zahlen
sie etwas zur allgemeinen Casse. 3) Der Seegen Gottes wird es

---

182 Schwiegersohn.
183 Hilfsinspektor.

möglich machen, daß mit der Zeit Fabricken zum Nutzen der Schule angelegt werden."

§ 13) Würklichkeit solcher Schule.

So viel war mir von solchen Vorhaben bekannt, als ich im Anfange dieses Jahres solches zu papier brachte; es entstunden aber noch immer einige kleinmüthige Gedanken, ob ich die wirkliche Einrichtung solches Vorhabens bey meinem hohen Alter erleben würde. Und siehe, ehe ich solcher Sache mich versehen, war der Anfang würklich gemacht, und solche Schule eröfnet. Denn die Hallische Zeitung, wie auch selbst die Jenaische im 11ten Stück, berichteten uns vom 23. Jan., daß den 10ten dieses Monats der Anfang solcher **Rosen-Schule** würklich gemacht worden. Der Stifter habe in seinem Hause 9 von den bereits angenommenen Kindern, 6 Knaben und 3 Mädgens mit der, zum Merkmahl dieser Schule bestimmten Kleidung, blau mit gelben Aufschlägen, und einer gelben Rose auf der linken Seite des Kleides, ankleiden, und von seinem Hause durch den angenommenen Schulwärter in [- S. 306 -] die Kirche zu Wenigenjena, als in welche das Dorf Camsdorf eingepfarret [ist], führen lassen. Der dasige Pfarrherr, **Hr. Adj[unkt] Schmidt** habe nach gehaltener erbaulichen Predigt, worinn er **Jesum, als das beste Muster wohlerzogner Söhne und Töchter,** vorgestellet [hat], solche Stiftung Gott befohlen und eingesegnet. Nach dem Gottesdienst wären die Kinder vom Schulwärter in das Hauß zu Camsdorf geführet worden, worinne der Anfang sollte gemacht werden. Der Stifter habe die Kinder vermahnet, und dem Wärter übergeben, bis die fernere Einrichtung des folgenden Tages gemacht worden [sei], so weit es bey dem ersten Anfange [hat] geschehen können. Nach vorhergesetzter Erzählung von der Absicht und Einrichtung solcher Schule, so ich schon oben gemeldet, wurde zugleich die Vermehrung der Kinder schon in der ersten Woche bis auf 12 berichtet; wie auch, daß ausser dem Schulwärter bereits ein sehr geschickter

Präceptor[184] zur moralischen Classe nebst einer geschickten Näherin angenommen worden [sei]. Wie es damit weiter gehen werde, wird, wie ich glaube, durch die Zeitungen solches Orts ferner berichtet werden. Ich wünsche dem Herrn Hofrath, als meinem Herrn Eidam, ein langes Leben, und zu diesem wichtigen Vorhaben göttlichen Segen und Beystand.

2.5 J. G. Darjes: Das erste Jahr der Real-Schule (1763)

Das erste Jahr der Real-Schule, die den Namen die Rosen-Schule bey Jena führet beschrieben von ihrem Stifter und ersten Director. Jena, Gollner, 1763.

Vorrede.
In dem Vorberichte des Entwurfs dieser Real-Schule habe ich versprochen, bey dem Ausgange eines jeden Jahres öffentlich nach allen Umständen bekannt zu machen, wie weit es mit dieser Schule gekommen sey. Ich erfülle jetzo mit desto grösserem Vergnügen mein Versprechen, weil sich der Seegen der göttlichen Vorsorge in reicherer Maase ergossen hat, als ich bey dem Anfange vermuthete. Es beweiset auch dieses Schicksal die Führung Gottes bey den Geschäften die seinem Willen gemäß sind, und dieses macht mir Muth alle Hindernisse zu überwinden, und dieses unter dem Schutze Gottes angefangene Werk, weiter durchzuarbeiten. Der Gott, der seine Liebe bey dieser Sache bisher vorzüglich bewiesen hat, wird auch in Zukunft seinen Seegen nicht versagen. Ich habe das gewisse Vertrauen, daß er das Herz seiner Freunde weiter dahin lenken werde, daß sie es mir möglich machen, die Vollkommenheit dieses angefangenen Werkes noch zu erleben.

---

184 Lehrer.

§ 1) Nachdem ich den 22. Decembr. 1761 von der Durchl. Landes-
Herrschaft die unterthänigst von mir erbetene förmliche Conceßion zur Stiftung dieser Schule in der Beylage A. erhalten hatte, so war es meine erste Sorge die innere Einrichtung derselben
also zu machen, daß der öffentlich bekannt gemachte Entwurf
dieser Realschule unter der väterlichen Regierung Gottes nach
und nach könnte ausgeführet werden. Aus dieser Ursache faste
ich den Entschluß nach und nach vier Classen zu gründen, in
welchen die Kinder zu ihrem Geschäfte unterrichtet und alsdenn zur würklichen Ausübung ihres erlangten Unterrichts
könnten angeführet werden. Ich will die Absicht einer jeden
Classe beschreiben, vielleicht giebt dieß einigen Menschen-
freunden Gelegenheit, mir ihre Gedanken dabey zu eröfnen,
und hierdurch die meinigen vollständiger zu machen.

§ 2) Die erste Classe soll die moralische Classe heissen. Die Absicht dieser Classe ist, die Kinder in dem Lesen und Schreiben
anzuführen, ihr Herz durch die Unterweisung in einer gesun-
den Moral menschlich zu bilden, und dies menschlich gebildete Herz in den Lehren und in den Regeln des wahren Christenthums zu unterrichten.

Die andere Classe soll den Namen der mathematischen Classe führen. Die Absicht dieser Classe ist die Unterweisung im
Rechnen, Zeichnen, Mahlen und in den verschiedenen Theilen
der mathematischen Wissenschaften, in soweit diese bey den
wirthschaftlichen Beschäftigungen nothwendig sind.

Die dritte Classe wird den Namen der oeconomischen Classe
bekommen, in welcher nicht nur die moralischen Regeln der
Wirtschafft, die uns lehren, wie ein Geschäfte einzurichten und
zu verwalten, die Rechnungen über Ausgabe und Einnahme zu
führen [ist], und so weiter; sondern auch alle besondere[n] Stükke, in beyden Feld- und Holtzbau, bey der Gärtnerey, bey der
Viehzucht und so weiter vorkommen, den Kindern nach ihren
Fähigkeiten sollen begreiflich gemacht werden.

[– S. 4 –] Der vierten Classe werde ich den namen der physicalischen Classe geben, in welcher die Werke der Natur und die
Scheidekunst in so weit sollen erkläret und gezeiget werden,
in wie weit diese bey den Gewerben, Manufakturen, und überhaupt bey den wirthschafftlichen Beschäftigungen unentber-
lich sind.

§ 3) Die Absicht dieser Schule erlaubet es nicht, daß ich diese
vier Classen als subordinirte Classen betrachte, welche alle
Kinder, die in die Schule sind aufgenommen worden, durchgehen müssen. Nur die erste Classe soll für alle seyn. Im übrigen
sollen die Kinder nach ihren Neigungen gewissen Geschäfften
gewidmet, und in den drey lezten Classen in den Stükken unterwiesen werden, die ihnen in Beziehung auf das erwehlte Geschäffte am nützlichsten sind.

§ 4) Sollen endlich, nach der Absicht dieser Realschule, in der
Folge der Zeit, die Herrschafften brauchbares Gesinde zu allen
Endzwekken, der Künstler brauchbare Lehrlinge und Gesellen,
die Wirthe brauchbare Verwalter Knechte und Mägde und so
weiter, aus dieser Schule bekommen; so ist es nöthig die Veranstaltungen in derselben also zu machen, daß die Kinder nach
geendigten Lehrstunden zur wirklichen Ausübung der gelernten Stükke können angeführet werden.

§ 5) So weit von dem zu ertheilenden Unterricht. Da ferner vermöge des 6ten § des andern Capitels des öffentlich bekannt gemachten Entwurffs dieser RealSchule, die Kinder, welche aufgenommen sind, in derselben gekleidet und ernehret werden
sollen, so war es nöthig auch in diesem Stükke das wesentliche
der Sache vestzusetzen. In Ansehung der Bekleidung habe ich
mir diese Ordnung gemacht. Ein jedes in der Schule aufgenom-
menes Kind soll jährlich ein Paar Schuhe, zwey Paar Strümpffe,
zwey Hemder und ein vollständiges Kleid bekommen. Ist es

möglich, daß dieses länger als ein Jahr halten kann, so ist es ein Nutzen der Schule. Ich habe die blaue Farbe zur Bekleidung erwehlet, diese Kleider sollen mit gelben Aufschlägen, und zum Zeichen dieser Schule, auf der linken Seite mit einer gelben Rose besetzt werden.

§ 6) In Ansehung der Beköstigung faßte ich diesen Schluß. Die Kinder sollen alle Morgen eine warme Suppe und ein Stük Brod haben. Die MittagsKost soll am Sonntage und am Donnerstage in Fleisch und Gemüse, am Festtage in einem Braten, und in den [– S. 5 –] übrigen Tagen in einem wohlzugerichteten Gemüse und dergleichen bestehen. Des Abends sollen sie am Sonntage mit einem HirsenBrey, und in den übrigen Tagen mit einer Suppe und mit Butter und Brod, oder Käse und so weiter gespeiset werden, und bey jeder Mahlzeit so wohl zu Mittage als Abend soll ein jedes Kind eine halbe hiesige Kanne Bier[185] bekommen.

§ 7) So weit gieng die Einrichtung dieser Sache in meinen Gedanken. Nun war es Zeit, die Hand an das Werk zu legen. Ich habe auf meinen Freygütgen Camsdorff einen Gasthoff. Ich entschloß mich diese Gerechtigkeit so lange ruhen zu lassen, bis es mir Gott würde möglich machen, daß ich ein besonderes dieser Schule anständiges Gebäude würde aufführen können. Ich ließ dieses der Gastgerechtigkeit bishieher gewitmetes Hauß reinigen, um in diesem mit der Schule den Anfang zu machen.

---

185 Bier enthielt damals weniger Alkohol als heute und war dem oft verunreinigten Trinkwasser vorzuziehen. Eine halbe Kanne, auch als Nösel bezeichnet, entsprach im Herzogtum Sachsen-Weimar-Eisenach einem knappen halben Liter, vgl. Noback, *Vollständiges Taschenbuch,* S. 1380.

§ 8) Ich hatte auf meinen Güthern einen Verwalter, Namens J. C. Schubert.[186] Ich nahm so wohl bey diesem als auch bey seiner Frau[187] verschiedene Geschicklichkeiten wahr, die mir bey diesen meinem Geschäffte nützlich seyn konnten. Dieser Verwalter schreibt eine gute Hand, versteht die Spinnerey, und ist im Strikken sehr geschickt. Die Frau aber ist eine gute Köchin. Ich wurde mit diesen einig, daß er den bisher bey mir gehabten Dienst verlassen, und das Amt eines Schulverwalters in meiner Real-Schule übernehmen sollte. Ich übergab diesen das zur Schule eingerichtete Gebäude, und führte ihn den 3. Jan. 1762 als Schulverwalter ein.

§ 9) Den 4. Jan. nahm ich 9 recht arme Kinder als 6 Knaben und 3 Mädgen würklich zur Schule an. Ich machte so gleich die Veranstaltung, daß diese nach der von mir vestgesezten Ordnung sollten gekleidet werden. Diese Kleidungen wurden den 9. Jan. fertig. Ich war genöthiget eine arme Frau als Schulaufwärterin[188] anzunehmen, deren Amt erfordert die Kinder zu reinigen, und der Schulverwalterin an die Hand zu gehen.

§ 10) Diese Schulaufwärterin muste den 10. Jan. in der Frühe die 9 Kinder in meinem Hause[189] reinigen und ankleiden. Sie bekamen hierauf das Frühstück. Nachdem sie dieß genossen hatten, wurden sie von dem Schulverwalter in die Kirche zu Wenigen Jena, als in welcher das Dorff Camsdorff eingepfarret ist, geführet. Der [– S. 6 –] Herr Adj[unkt] Schmidt[190] stellte in einer sehr erbaulichen Predigt nach Anleitung des SonntagsEvangelii vor: Jesum als das beste Muster wohlerzogener Söhne und Töchter. (Diese Predigt ist, weil ich darum gebethen habe, allhier durch

---

186 Johann Christoph Schubert.
187 Maria Elisabetha Schubert.
188 Über die Schulaufwärterin war nichts weiter in Erfahrung zu bringen.
189 Gemeint ist sein Stadthaus in der Collegiengasse.
190 Johann Georg Schmidt (1723–1794).

die Fürsorge des Buchhändlers Herrn Güth gedruckt worden.)
Er nahm daher Gelegenheit diese Stifftung und diese Rosen-
Schule Gott zu befehlen und einzusegnen. Nach gehaltenen
Gottesdienste wurden diese Kinder von dem Schulverwalter
in das der Schule geräumte Hauß in Camsdorff geführt. Ich
ermahnte die Kinder, und übergab sie in meinen Gebethe, das
von einen wahrhafften gerührten Herzen gewürket wurde, der
Fürsorge Gottes. Ich ließ diese arme und von der Welt verlassen
gewesene Kinder speisen, und machte die innere Einrichtung
so gut als es dazumal geschehen konnte.

§ 11) Da diese von mir gemachte Veranstaltungen in die Sinne
fielen, so fieng die Welt an zu fragen. Wie will der diese Sache
ausführen woher soll das Geld kommen? Der eine betrachtete
diese Sache von der einen, der andere von einer andern Seite.
Bald hieß es, wenn vernünftige Leuthe etwas ausführen wollen,
so bekümmern sie sich zuerst um den Fond[s]. Bald, die Sache
wird nicht lange Bestand haben, es ist ein Project, und so weiter. Ich bin niemals bey den Urtheilen der Menschen gleichgül-
tiger gewesen als in Absehung auf dieses Geschäffte. Gott der
da will, daß ich auf diese Art meine Kräffte anwenden soll, der
giebt mir auch Muth alle Hindernisse zu überwinden. Ich habe
in dem 6 und 7 § des andern Capitels des Entwurffs dieser Real-
Schule die Quelle angegeben, aus welcher ich die Kosten, dieses
Werk zu erhalten und bis zur Vollkommenheit zu führen, holen will. Ich habe daselbst gesagt: Die allgemeine Quelle soll die
wahre und gegründete MenschenLiebe seyn. Ich habe gehoffet,
Gott werde gewiß die Herzen seiner Freunde erwekken, daß sie
einige Brosamen von ihren Gütern auch diesen armen und von
der Welt verlassenen Kindern zufliessen lassen. Die Erfahrung
hat es mir auch gelehret, daß ich nicht ohne Grund gehoffet
habe. Die Güthe Gottes hat mir in dieser so theuren Zeit[191] bey

---

191   Der *Siebenjährige Krieg* hatte eine Inflation verursacht.

meinen Veranstaltungen keine Noth leiden lassen. Ich will den Anfang dieses Zuflusses erzehlen. So bald als ich es öffentlich bekannt gemacht hatte, daß ich diese RealSchule gründen wollte, so bekam ich von einer armen Jungfer 8 gr[oschen] zur Hülffe. Dieß war meine erste Einnahme, die mir aus wahrhafftig redlichen Herzen gegeben wurde. Diesen folgten 16 gr. von einem armen Studioso. Diesem von ei- [– S. 7 –] nem andern 3. Th[a]l[e]r. Diesen wiederum 1 R[eichs]th[a]l[e]r 8 gr. Bald darauf brachte mir ein guter Freund 67 Thlr. Dieses gab mir Bewegungsgründe ein eigenes Buch zu verfertigen, welchen ich diese Aufschrift gegeben habe: Früchte der Liebe gegen Gott und den Nächsten zur Gründung der RosenSchule bey Jena gesammlet. In diesem lasse ich es von Tag zu Tage aufschreiben, was und von wem mir etwas zum Nutzen dieser Schule freywillig geschenket wird, diese Sammlung ist bis an den 10. Jan[uar] a[nno] p[raeterito][192] da ich die Schule eröfnet habe bis auf 296 Thlr. nach Sächs[ischen] St.[193] gerechnet angewachsen.

§ 12) Nun war die Schule mit 9 Kindern eröfnet. Das Alter dieser Kinder war von 7 bis 10 Jahr. Die Kinder waren völlig rohe. Daher wurden sie zum Theil zum Federschliessen[194] angehalten, andere wurden zum Spinnen und wiederum andere zum Strumpfstrikken angeführet. Zwey welche Lesen konnten, wurden im Schreiben unterwiesen.

§ 13) Weil ich es für nöthig hielt die moralische Classe zuerst zu gründen, so paciscirte ich mit einem geschickten Studioso Theologiae Herr Wilhelm Leberecht Kettenbeil aus Bretleben im Thüringischen gebürtig,[195] die Besorgung dieser Classe

---

192 Im verflossenen Jahr.
193 Diese Abkürzung konnte von mir nicht aufgelöst werden.
194 Beim Federnschleißen werden die Federästchen für eine weitere Verwendung vom Kiel gezupft.
195 Wilhelm Lebrecht Kettembeil (1738–1763).

unter der Benennung eines Hofmeisters in der RosenSchule zu übernehmen. Die Lust Kinder zum Nutzen der Welt zu bilden, verursachte es, daß er sich völlig entschloß diese Stelle anzunehmen. Ich hatte daher schon den 6. Jan. a. p. das Vergnügen diesen Candidaten dem Hochfürstl. Ober-Consistorio[196] unterthänigst zu präsentiren. Ich erhielt den 13. Jan. a. p. den gnädigsten Befehl diesen Candidaten den 20. Jan. dem Hochfürstl. OberConsistorio persönlich darzustellen, da er denn ein Tentamen[197] zu erwarthen hatte. Ich leistete diesem gnädigsten Befehl mit vollkommenster Freude unterthänigst genüge, mein Candidat wurde examiniret, er wurde verpflichtet, und ich erhielte den 19. Febr. ein von dem 26. Jan. datirtes geneigtes Rescript, worin mir die Erlaubniß gnädigst gegeben wurde, diesen Candidaten in meine Schule als Hofmeister zu introduciren[198]. Den 20. Febr. leistete ich diesen gnädigsten Befehle die schuldigste Folge. Ich führte meinen Candidaten ein. Ich gab ihm daher die Anweisung, wie er alle Morgen und Abend eine halbe Stunde in der Schule BetStunde halten, und wie er täglich vier Stunden unterweisen sollte, und zwar also, daß diejenigen die noch nicht lesen konnten zwey Stunden in dem Lesen und in den ersten Zügen des menschlichen Lebens angeführt, die an- [– S. 8 –] dern aber zwey Stunden in dem Catechismo und in den Regeln des sittlichen Lebens unterrichtet wurden. Ausser diesen sollte er auf die Sitten der Kinder die Aufsicht haben, und des Sonntags den HauptInhalt der Predigt widerholen. Nach dieser Einrichtung hat ein jedes Kind täglich zwey Stunden in der moralischen Classe. Wenn nemlich die SchreibStunde nicht mit gerechnet wird, als welche der Schulverwalter besorget.

---

196 In Weimar.
197 Prüfung.
198 Einzuführen.

§ 14) Den 12. Jan. a. p. als an dem andern Tage nach der Eröfnung der Schule war mein Hauß mit armen Kindern, die von der Welt verlassen sind, angefüllet. Diese suchten bey mir Hülffe, durch die Aufnahme in diese Schule. Mir bluthete das Herz, daß es meine Umstände nicht erlauben wollten allen diesen die Hülfe zu leisten. Ich suchte aus diesem Haufen drey aus, welchen die Hülffe am nöthigsten war, ich ließ auch diese Schulmäßig kleiden, und vermehrte hiedurch die Anzahl der Kinder bis auf 12.

§ 15) Diese Anzahl der verlassenen Kinder hat sich nach der Zeit bald bey dieser, bald bey jener Gelegenheit vermehret, so daß die Schule jetzo wirklich 30 Kinder gekleidet hat, diese ernähret und nach ihren Absichten erziehet und unterweiset.

§ 16) Mit sehr grossen Vergnügen wurde ich es gewahr, daß die von mir gemachte Einrichtung zur Erziehung armer Kinder nicht ohne Wirkung war. Der Herr Hofmeister wendete alle Mühe an, den Kinder dieß begreiflich zu machen, was das heisse aus Liebe zu Gott das Guthe thun und das Böse lassen. Er gab sich alle Mühe diese Kinder also zu führen, daß sie Lust bekamen nach dieser Triebfeder zu handeln. Hiezu kam die ihnen ungewöhnliche ordentliche Lebensart. Das heist die verlassene und zum Theil verhungerte Jugend wurde munter. Die Sitten wurden sinnlich angenehm. Ein jeder, der diese Jugend sahe, bezeigte einen Beyfall. Dieß gab mir BewegungsGründe auch an die äusserliche Ordnung und Schönheit zu denken. Ich nahm im Monath April a. p. mit einem hiesigen Paruckenmacher[199] die Verabredung, daß er wöchentlich einige Stunden zwey der größten Knaben in dem accommodiren[200] der Haare unterweisen sollte. Dieß geschahe, und diese beyde müssen die

---

199 Perückenmacher.
200 Zurechtmachen.

übrigen dahin anführen, daß sie alle Morgen ihre Hare ordentlich einbinden und zurechte machen.[201]

§ 17) Weil die Früchte dieser von mir gemachten Veranstaltungen in [– S. 9 –] die Sinne fielen, so wurden viele gereitzet diese Schule zu besuchen. Einige von diesen gaben mir Bewegungs-Gründe bey dem Eingange der Schule ein verschlossene Büchse zu befestigen, um in dieser einige Früchte der MenschenLiebe zum Nutzen dieser Schule zu sammlen. Ich folgte diesem Rathe, und ließ über diese Büchse den allgemeinen Befehl unsers Gottes ungekünstelt setzen: wende deine Kräfte an andere vollkommen zu machen. Dieß ist nach meiner Einsicht die Sprache des Herzens. Auch dieß ist nicht ohne Nutzen gewesen. Es ist kein Monath verflossen, wo ich nicht in dieser einige Thaler von der Liebe des Nächsten gefunden habe. Welche Sammlung von Monath zu Monath mit in dem zuvor beschriebenem Buche ist angezeiget worden.

§ 18) Einige Tage nach der Einrichtung dieser Schule hatte ich so gleich mit einer geschickten Näherin[202] einen Contrackt geschlossen, daß sie täglich einige von den aufgenommenen Mädgens in dem Nähen unterrichten sollte. Der Contract wurde so geschlossen, daß sie alle viertel Jahr für ein jedes Kind, das sie unterrichtete, 3. Thlr. haben sollte. Die Anzahl dieser Kinder wurde grösser, die dem nähen gewitmete Stunden waren nicht hinreichend den Endzweck zu bewürken. Daher wurde ich in dem May Monath genöthiget in diesem Contracte eine Aenderung zu machen. Ich nahm diese Näherin in Kost und Lohn und machte hiedurch eine Einrichtung zur ordentlichen

---

201   Bis auf ein paar Stirnlocken mussten die langen Haare der Knaben am Hinterkopf zum Zopf gebunden und wahrscheinlich nach der preußischen Mode zum Teil mit einem schwarzen Stoffband umwickelt werden, vgl. Kybalová, *Bilderlexikon*, S. 208, 350.

202   Über die Person der Näherin war nichts in Erfahrung zu bringen.

Näherey. Diese gehet nach Wunsch, und Gott segnet auch hiedurch die Einnahme der Schule. Es werden verschiedene Stücke in der künstlichen Näherey verfertiget, die an andere verkauft werden. Sie finden Beyfall, daher auch von entfernten Orten schon zu verschiedenen malen gewisse Arbeiten sind bestellet worden.

§ 19) Dieser Jugend schmeckt das Essen vortreflich. Dieß gab mir Gelegenheit auf Mittel zu denken, wie ich Butter, Milch, Käse und dergleichen mit geringeren Kosten herbey schaffen könnte. Aus dieser Ursache machte ich den 17 May dahin die Veranstaltung, daß die Schule ihr eigen Vieh halten konnte. Ich kaufte ihr einige Kühe, auch einige Schweine. Ich erhielte hiedurch zugleich diesen Vortheil, daß einige Mädgens unvermerkt zur ViehFütterung, Käse und Butter machen konnten, angeführet werden.

§ 20) Bald hierauf ereignete sich ein mir recht merkwürdiger Umstand. Ein guter Freund wollte ein Stück Feld verkauffen, das zum Gebrauch [– S. 10 –] dieser Schule sehr bequem lieget. Ich bekam Lust dieß der Schule zu kaufen. Er wollte es mir nicht unter 1700 Thlr. nach Sächs[ischen] gerechnet überlassen. Mein Geldvorrath war viel zu schwach dieß zu bestreiten. Die Lust war da, ich bath um einige Tage diese Sache zu überlegen. In dieser Zeit erhielt ich von einem alten guten Freunde und Gönner, einem ehemaligen Zuhörer von mir aus L. ein Schreiben, welches mir berichtete, wie er eine Gelegenheit bekommen hätte, mir zum Behuf der von mir angelegten RealSchule 100 Thlr. in alten [Talern] zu übermachen, mit der Versicherung, daß ich solche bald bekommen sollte, ich habe sie auch von diesem unter den 15 Octob[e]r würklich erhalten. Gott wird diesen meinen Freund seegnen. Dieß war nach Sächs. gerechnet eine Summe von 247 Thlr. Eben um diese Zeit schenkte mir ein vornehmer Gönner 50 Thlr. in Sächs. und ein anderer 50 fl. [203] Ich kaufte hierauf im Namen Gottes der Schule das Feld. Ich bezahlte darauf aus der Sammlung die von der MenschenLiebe abstammet 300 Thlr. Ein guter Freund gab mir den Zuschuß so lange, bis ich würde in dem Stande seyn, solchen wiederum abzutragen.

§ 21) Im Monath Junius merckte ich, daß die Kleidung der Kinder nicht länger als bis zum Ausgange des Jahres dauren würde. Sie waren mehrentheils ungekleidet aufgenommen worden, und musten sich daher wenigstens eines Theils der Kleidung, zum alltäglichen Gebrauche bedienen. Ich muste also auf Mittel denken die Kinder bey dem Anfange des zweyten Jahres bequem kleiden zu können. Ich machte hierzu den Anfang indem ich einige Steine[204] Wolle kaufte, und erhielt bald darauf, nachdem ein vornehmer Gönner, der ein wahrer Menschenfreund ist, meine Veranstaltungen erfahren hatte, ein Geschenk von einem Steine Wolle, und bald nachher noch zween derselben, um diese Bekleidung desto leichter ausführen zu können. Ich ließ sowohl einige Knaben als einige Mädchens von einem Wollspinner unterrichten, so daß jene auf großen Wollrädern, diese aber auf den gewöhnlichen Spinnrädern zum Wollspinnen angeleitet wurden. Die Sache gieng nach Wunsche, und die Kinder verfertigten dieses Garn, woraus ich eine Art von Zeuge[205] machen ließ, in welches ich die Kinder bey dem Anfange des zweeten Jahres kleidete, die ersten Kleider aber wurden zu Mützen und häußlichen Bekleidungen angewendet.

§ 22) Einige von den in die Schule aufgenommenen Knaben zeigten durch ihre Handlungen ein natürliches Geschick zum

---

203 Gulden.
204 Der Stein bezeichnet ein altes Handelsgewicht. Im Herzogtum Sachsen-Weimar-Eisenach verteilte sich der Zentner zu 110 Pfund auf fünf Steine, vgl. Noback, *Vollständiges Taschenbuch*, S. 1380.
205 Gewebe.

Zeichnen und zur Mathematik. Dieses gab Anlaß, daß ich zu Ende des Monat Junius [– S. 11 –] darauf dachte, nach und nach die mathematische Classe in dieser Schule zu gründen. Der erste Versuch wurde mit einem Freunde gemacht, welcher wöchentlich einige Stunden im Zeichnen unterrichtete, dieses war aber zur Erreichung meiner Absicht noch nicht genug. Da meine Gedanken noch immer mit der Einrichtung dieser Classe beschäftiget waren, so kam mir ein angenehmer Zufall ungemein zu Statten. Ein Mann, der so wohl in der theoretischen als auch praktischen Mathematik erfahren ist, der Herr M[agister] Cramer[206] wurde durch die von mir zur Erziehung der verlassenen Kinder gemachten Anstalten bewogen, mir seine Kräfte zur Einrichtung der mathematischen Classe anzubieten. Ich ergriff diese erwünschte Gelegenheit mit Danke und erhielt dadurch, daß diese Classe im Monat Julius so gut eingerichtet wurde, als es nach den gegenwärtigen Umständen möglich war. Diese Kinder werden würklich in dieser Classe zum Rechnen, Zeichnen, Glaßschleiffen und andern mathematischen Uebungen unter der Direktion des Herrn M. Cramers angeführet. Die Sache ist bereits so weit gekommen, daß unter dieser Direction allerhand Arten von Microscopiis simplicibus, compositis und solaribus,[207] Fernröhren und dergleichen Instrumente mehr verfertiget werden, welche Kenner dieser Sache in ihrer Art mit recht vollkommen nennen. Auch diese Unternehmung wird nicht von Gott ungeseegnet bleiben, daß sie nach und nach diejenige Gröse erreichen kan die meinem Wunsche gemäß ist.

§ 23) Im Monat October bekam ich aus E. von einem guten Freunde die Versicherung, daß er jährlich zum Vortheile meiner Schule zehen Gulden zahlen würde. Diesem folgte sogleich von

---

206 Ludwig Ehrenfried Friedrich Cramer (1733–1795).
207 Von einfachen, zusammengesetzten und Sonnenmikroskopen.

einem andern ein gleichgültiges Versprechen auf zehen Gulden. Dieses Anerbieten ermunterte andere Freunde und Gönner zur liebreichen Nachahmung. Aus dieser Ursache schenkte mir ein Freund ein in grünes Leder gebundenes Buch von starkem Pappier, damit ich in dieses die liebreichen Anerbietungen: jährlich etwas gewisses zum Vortheile der Rosenschule beyzutragen, könnte aufzeichnen lassen. Ich ergriff beides, diesen Rath, und das Buch mit vielem Danke. Es bekam diese Aufschrift Tob. 4 v. 7 Wende dich nicht von den Armen, so wird dich Gott wieder gnädig ansehen. Nachstehende wahre Menschenfreunde und Freundinn[en] haben zur Fortdauer und Vermehrung der Rosenschule bey Jena sich zu einem gewissen und bestimmten Beytrag durch Briefe und eigenhändige Unterschriften anheischig zu machen beliebt. Der große Jehovah lasse [– S. 12 –] an ihnen die Verheissung Prov. 19 v. 17 in Erfüllung gehen. Er sey ihrer allerseits Schutz, Schirm und sehr grosser Lohn. Ich ließ die bereits schriftlich erhaltene[n] Versprechungen in diesem Buche nacheinander eintragen. Auch bey diesem Stükke hat mir Gott seine Güte vorzüglich gezeiget. Es haben sich bereits 22 Freunde und hohe Gönner, die von nichts, als von einer wahren MenschenLiebe sind gereizet worden, in diesem Buche eingeschrieben und sich durch ihre Unterschrift zu einen gewissen jährlichen Beytrag verbindlich gemacht. Gott wird gewiss die zuvor angemerkte Verheissung an diesen seinen Freunden in die Erfüllung gehen lassen. Einige von diesen Freunden und Gönnern haben es mir zu verstehen gegeben, wie es ihnen angenehm seyn würde, wenn ich ihren Namen nicht öffentlich anzeige, ich will daher den mir bereits versprochnen jährlichen Zuschuß nur nach den Nummern bekannt machen.

Num.		
1	zahlet quartaliter einen Louis d'or
2	zahlet jährlich zehn Gulden
3	zehn Gulden
4	zahlet jährlich am Neu-Jahr zwey Ducaten

5   zahlt jährlich zu Ostern 5 Thaler

6   zahlt quartaliter 5 Thaler

7   zahlt jährlich 2 Ducaten

8   giebt alle halbe Jahr einen Louis d'or

9   zahlt alle Neu-Jahr 2 Ducaten

10   giebt jährlich auf Johannis 1 Ducat

11   1 Ducat

12   giebt jährlich einen halben Souverain d'or

13   zahlt jährlich zu Ostern 1 Ducat

14   zahlt jährlich auf Johannis 4 Ducat

15   giebt alle Michaelis einen Louis d'or

16   zahlet jährlich auf Johannis 10 Ducat

17   zahlet jährlich auf Johannis 3 Louis d'or, und
     wiederum auf Weynachten 3 Louis d'or

18   giebt alle drey Monathe 3 Ducaten

19   zahlt quartaliter 1 Louis d'or

20   giebt jährlich zu Johannis 1 Ducat

21   zahlt jährlich zu Weinachten 1 Ducat

22   wird jährlich 20 Gulden Rheinisch zahlen

Ist dieses nicht ein offenbahrer Beweiß der göttlichen Fürsorge, die er auch gegen dieses Geschäfte lenket. Gott wird auch diese An- [- S. 13 -] zahl ferner vermehren und mir es hierdurch möglich machen, das angefangene Werk nach seinem Willen auszuarbeiten.

§ 24) Im Monathe November wurde ich genöthiget auf Mittel zu denken so wohl zu Hemden als auch zu BettTüchern und dergleichen Leinwand herbey zu schaffen. Ich suchte einige Mädgens aus, und ließ diese zum GarnSpinnen anführen. Im Monath December da die Stadt mit preußischen Völkern belegt war, wurde ich mit einigen Soldaten bekannt, die Meister in dem Spinnen auf der Spindel waren. Ich ergriff diese Gelegenheit, und ließ einige Knaben in dieser Arbeit unterweisen. Auch dieses ist geglükket, und ich bekam hierdurch Bewegungs-Gründe mit einem geschickten Leineweber zu contrahiren. Daß er auf mein Güthgen ziehen, und zum Nutzen der Schule weben sollte. Auch mit diesem ist der Anfang gemacht, Gott wird weiter helfen.

§ 25) Vielleicht wird es nicht unangenehm seyn, wenn ich die gegenwärtige innere Einrichtung dieser Schule beschreibe. Sie ist diese:

Um fünf Uhr müssen die Kinder aufstehen, sich so gleich waschen und ankleiden. Die Knaben müssen ihre Haare ordentlich einbinden, wozu die übrigen die Hülffe von denen bekommen, die von dem Parukkenmacher sind unterrichtet worden.

Von 6 bis halb 7 wird von dem Herrn Hofmeister Bethstunde gehalten.

Von halb 7 bis 7 wird gefrühstükket. Dieses bestehet alle Morgen in einer warmen Suppe, und einem Stükke wohl ausgebackenen Brodes.

Von 7 bis 9 bekommen die, welche noch nicht lesen können den Unterricht im Lesen, und ihr Herz wird durch eine Unterredung zur Liebe gegen Gott gebildet. Die übrigen Kinder müssen in dieser Zeit arbeiten. Spinnen, strikken, nähen und dergleichen, und einige gehen in die mathematische Classe.

Von 9 bis 11 werden die, welche bereits lesen können von dem Schulverwalter zum schreiben angeführt, die übrigen müssen in dieser Zeit arbeiten.

Von 11 bis 12 wird gespeiset. Dieß bestehet des Sonntags und Donnerstags in Fleisch und Gemüse. Des Festtages in einem Braten, und in den übrigen Tagen in einem wohlzubereitetem Gemüse.

Von 12 – 1 ist eine SpielStunde, wobey entweder der Herr Hofmeister, oder wenn dieser beschäftiget ist der Schulverwalter [– S. 14 –] die Aufsicht hat, um die Ausschweiffungen der Jugend zu verhindern.

Von 1–3 werden die Kinder, welche bereits lesen können von dem Herrn Hofmeister in den Sitten und in dem Christenthume nach Anleitung des Catechismi unterrichtet. Die übrigen müssen in dieser Zeit arbeiten.

Von 3 bis 5 besuchen einige die mathematische Classe die übrigen werden nach ihren Umständen zur Arbeit angeführet.

Des Mittwochs und Sonnabends Nachmittag werden alle Kinder gereiniget, und alsdenn gehen einige Knaben zu den Parukkenmacher.

Von 5 bis 6 arbeiten alle.

Von 6 bis 7 wird wiederum gegessen. Diese Kost bestehet des Sonntags in einem HirsenBrey, und in den übrigen Tagen in einer warmen Suppe, und Brod mit Butter, oder Brod mit Käse und dergleichen. Ein jedes Kind bekommt wie zu Mittage ein hiesiges Nösel Bier.

Von 7 bis 8 ist eine SpielStunde.

Von 8 bis 9 ist abermal Bethstunde. Wenn diese geendiget ist, so müssen die Kinder ihre Kleider reinigen, und alsdenn zu Bette gehen.

Des Sonntags so wohl früh als auch Nachmittags werden die Kinder paarweise von dem Schulverwalter in die Kirche geführet. Nach geendigten Gottesdienste wiederholet der Herr Hofmeister den HauptInnhalt der Predigt. Nach diesen haben die Kinder ihre Freyheit.

§ 26) So weit hat die väterliche Liebe meines Gottes in diesem ersten Jahre in einer so zweydeutigen Zeit, bey einer so grossen Theurung geholffen. Von seiner Güte habe ich durch seine Freunde vermöge des § 11 angeführten Buches in diesem Jahre einen Zuschuß von 2269 Thlr. 16 gr[oschen] nach Sächs. gerechnet mit Danke empfangen. Das Gebeth, das diese sonst verlassenen Kinder für diese ihre Wohlthäter täglich zu Gott abschikken, wird ihnen die Früchte ihrer MenschenLiebe sinnlich machen. Diese Betrachtung giebt mir die sichere Hoffnung,

die Liebe Gottes werde diese meine Unternehmung nicht verlassen, sie wird die Herzen seiner Freunde noch fernerhin erwekken, daß ich dieses sein Werk werde ausführen können. In
dieser Hoffnung mache ich nunmehro würklich einige Veranstaltungen zur Aufführung eines Gebäudes, was dieses Geschäfte erfordert. Steine so wohl zum mauren als auch zum Kalke
lasse ich würklich brechen. Der Gott, der das Wollen gegeben
hat, wird auch das Vollbringen würken.

[– S. 15 –] **Beylage A.**
Von Gottes Gnaden Wir Anna Amalia verwittibte[208] Herzogin
zu Sachsen, Jülich, Cleve und Berg, auch Engern und Westpha-
len, gebohrne Herzogin zu Braunschweig und Lüneburg etc.
Ober-Vormünderin und Landes-Regentin, in Obervormundschaft und LandesAdministration Unsers freundlich geliebten
unmündigen Sohnes, Herrn Carl Augusts, Herzogs zu Sachsen
Weimar und Eisenach ...

Urkunden und bekennen hiermit,

Demnach bey Uns der Hochgelahrte, Unser lieber getreuer D.
Joachim Georg Darjes, Hofrath und Professor zu Jena, um die
Erlaubniß, auf seinem FreyGuthe zu Camsdorf eine RealSchule, zur Erhaltung und Erziehung armer Kinder, zum Nutzen
der wirthschaftlichen Beschäftigungen, anlegen zu dürfen,
ziemend nachgesuchet, auch um Ertheilung einer förmlichen
Conceßion hierüber, unterthänigst gebethen: Und Wir dann
dessen Suchen, nachdem der Entwurf von Unsern Ober-Vor-
mundschaftlichen Collegiis examiniret, und die im Wege gestandenen Bedenklichkeiten removiret worden, zu deferiren[209]

---

208 Verwitwete.
209 Stattzugeben.

kein Bedenken gefunden; Als genehmigen Wir nicht nur dieses Vorhaben, sondern ertheilen auch in aufhabender OberVormundschaft und LandesAdministration die in Unterthänigkeit gesuchte Conceßion unter folgenden Bedingungen.

1) Daß die Jurisdiction[210] über die neuangelegte Schule Uns und Unsern nachgesetzten OberVormundschafts Collegiis verbleibe, auch, welches Wir zum Faveur[211] derselben andurch disponiren[212], von selbigen als in Ecclesiasticis[213] von Unsern OberVormundschaftlichen OberConsistorio alhier, und in Politicis von Unserer OberVormundschaftlichen Regierung, ohnmittelbar exerciret werde.

[– S. 16 –] 2) Daß uns die Landesfürstliche OberAufsicht über die Schule, auch deren von Zeit zu Zeit zu beschehenden Visitation, vorbehalten bleibe, darbey Wir eben die Special-Instruction, deren Einrichtung und künftige Dirigirung, dem Stifter lediglich überlassen wollen, jedoch mit dem ferneren Reservat, daß

3) Die Annahme der bey dieser RealSchule anzustellenden Lehrer, besonders dererjenigen, welche zu dem Unterricht in Christenthum gebraucht werden sollen, nicht anders denn mit Vorbewust und Genehmigung Unsers hiesigen OberVormundschaftlichen OberConsistorii geschehen, und die zubestellende Subiecta[214] demselben vor der würklichen Annehmung zur Prüfung sistiret[215], und nachhero nicht eher, als wenn sie von selbigen dazu tüchtig und in Lehre Leben und Wandel untadelhaft befunden worden, bestellet werden sollen, darbey

---

210 Rechtsprechung.
211 Begünstigung.
212 Verfügen.
213 Kirchensachen.
214 Personen.
215 Vorgestellt, vorgeführt.

4) Der Director sothaner[216] Schule und dessen künftige Successores[217] verpflichtet seyn sollen, falls durch diese RealSchule denen nächstgelegenen Schulen in der Stadt und zu Wenigen-Jena, oder vielmehr denen bey selbigen angestelten Lehrern und SchulBedienten an ihren Emolumentis[218] ein beträchtlicher Verlust und Einbuse verursachet würde, Denenselben aus dem zu dem Unterhalt der RealSchule bestimten und in der Folge der Zeit weiter anwachsenden Fond[s] ein proportionirliches Aequivalent verabreichen zu lassen.

Urkundlich haben Wir diese Conceßion eigenhändig unterschrieben, und Unser Fürstlich OberVormundschaftlich Insiegel beydrucken lassen. Gegeben Weimar zur Wilhelmsburg den 22. Decembris 1761.

AMELIE H[erzogin] z[u] S[achsen]

---

216 Solcher.
217 Nachfolger.
218 Einnahmen [aus Schulgeldern].

3 Briefe des Joachim Georg Darjes, die Rosenschule betreffend

3.1 An Friedrich Dominikus Ring in Karlsruhe, 26. Juli 1761[219]

[– (Bl. 1) –] Hochwürdiger
Hochgelahrter Herr
Hochzuehrender Gönner

Alles, was ich dazu werde beytragen können, daß der junge H[er]r Homberger[220], der seit Ostern a[nni] c[urrentis][221] in meinem Hauße wohnet,[222] nach dem Wunsche seiner Fr[au] Mutter und nach dem Willen Ewer Hochwürden könne gebildet werden, dieß werde ich mit Vergnügen unternehmen. Ich glaube zwar, daß dieses leichter und mit einem vorzüglichern Erfolg hätte geschehen können, wenn ich so gleich bey dem Anfange seiner academischen Jahre das Vergnügen gehabt hätte, den Hrn. Homberger mit denen beyzuzehlen, mit welchen ich mich in meinen müßigen Stunden besonders be- // schäfftige; Dennoch hoffe ich auch noch jetzo bey diesem Geschäffte nicht völlig unglücklich zu seyn. Wenn ich aus der mit Ihm gehabten Unterredung nicht unrichtig schließe, so hat er vortreffliche Fähigkeiten, und es scheinet, daß er von dem Ihm gesetztem Ziel noch etwas weit endfernd. Er setzet den Grund dieser Endfernung in einer ge-

---

219 Das Original befindet sich im Besitz der Universitätsbibliothek Freiburg im Breisgau (Nachlass Friedrich Dominikus Ring, Mediennummer HSo 08055159).

220 Gemeint ist wahrscheinlich Johann Conrad Georg von Homberg aus Darmstadt, der seit dem 22. September 1760 in Jena immatrikuliert war. Vgl. Matrikel Jena.

221 Des laufenden Jahres.

222 Für die Zeit ihres Studiums in Jena mieteten sich die Studenten üblicherweise bei Universitätsdozenten oder in anderen Privathaushalten ein.

habten Krankheit, und er hat es mir heilig versprochen, durch einen regelmäßig anhaltenden Fleiß diese Mängel ernstlich zu heben, woferne er die Erlaubniß erhalten sollte, noch wenigstens ein Jahr bey uns zu bleiben. Ich bin genöthiget worden, durch die Unordnung der jungen Leuthe, meinen Tisch völlig aufzugeben,[223] und daher wird es mir fast unmöglich seyn, den Willen Ewer Hochw[ürden] [– (Bl. 2) –] bey diesem Stükke zu erfüllen. Indeßen wird dieß in der Haupt-Sache keinen merklichen Einfluß haben. Meine Hrn. Haußbursche[224] haben alle Abend die Freyheit zu mir zu kommen, und sich meiner Fürsorge und meines Raths zu bedienen, und ich werde gewiß, um Ewer Hochwürden Willen nach Möglichkeit zu erfüllen, meine Aufmerksamkeit insbesondre mit auf den Hrn. Homberger lenken.

Ewer Hochwürden haben allerdings einen sehr wichtigen Posten; Junge Prinzen zum Nutzen eines Landes zu bilden ist eine der erhabensten Beschäfftigungen. Gott segne Dero Bemühungen. Mir wird es eine große Freude seyn, wenn ich es erfahren sollte, daß die Lehren, welche Ewer Hochwürden von mir gefaßet [haben], mit einigen Grund von dem enthalten, daß Ewer Hochwürden bey diesem // sehr wichtigem Geschäffte vollkommen glücklich sind.

Vielleicht erinnern es sich Ewer Hochwürden, daß ich in meinen moralischen Fürlesungen, öfters den Gedanken geäußert [habe], daß ich in meinem Camsdorf eine reall Schule zur Ernährung und Erziehung armer Kinder zum Nutzen der wirthschaftlichen Geschäffte gründen mögte. Ich bin jetzo wür[k]lich im Begriffe dieses weit aussehende Werk im Namen Gottes an zu fangen. Ich gründe meine Hoffnung, dieses Werk bis zur Vollständigkeit zu bringen, auf der weisesten Fürsehung

---

223 Private Tischhalter mit einer entsprechenden Genehmigung durften gegen Bezahlung täglich eine Anzahl fester Tischgänger verkÖstigen.

224 [Hausbursch oder -pursch:] lediger junger Mann und insbesondere Student, der bei jemandem zur Miete wohnt.

Gottes und auf der ungeheuchelten Menschen-Liebe seiner Freunde. In wenigen Tagen werde ich den Anfang mit 10 Kindern machen. Ich muß im Kleinen anfangen, zuvor erwehnte Gründe werden es nach und nach bis ins Große bringen. Ewer Hochwürden empfehle ich mich zur Wohlgewogenheit, der ich mit vollkommenster Hochachtung bin

Ewer Hochwürden

ergebenster Diener
JGDarjes

3.2 An Johann Heinrich von Brandenstein in Harburg, 6. Juli 1762 [225]

[– (Bl. 1) –] Hochwohlgebohrner
Hochwürdiger H[er]r Superintendent
Hochgeschäzter Gönner

Keine angenehmere Nachricht hätte ich erhalten können, als daß Ewer Hochwohlgebohrnen Schiksaale, die ich mit Betrübniß erfahren, sich dergestallt endwikkelt [haben], daß Dieselben die gegründeste Ursache haben zu glauben, Gott habe jene Schiksaale geschehen laßen, um Ihnen desto größere Proben seiner väterlichen Liebe darzustellen. Gott lenke ferner Dero Schiksaale // zu Dero und seiner Kirchen Nutzen, und wird mein Wunsch erfüllet, so werden Ewer Hochwohlgebohrnen dieses bis in die spätesten Jahre in unverrükktem Wohlergehen

---

225 Das Original ist im Besitz der Bayerischen Staatsbibliothek München (Autograph Daries, Joachim Georg).

empfinden, wobey Ich mich Dero ferneren Liebe und Wohlgewogenheit aufs beste empfehle.

Ich habe den Anfang gemacht die letzten Kräffte meines Lebens
an ein Geschäffte zu legen, daß nach meiner Einsicht von der
größten Wichtigkeit ist. Ich habe im Namen Gottes einen Anfang gemacht nach beygelegtem Endwurf eine Schule zu gründen. Diese ist jetzo so weit, daß bereits 22 Kinder in derselben
würklich aufgenommen [sind]. Diese sind alle nach [– (Bl. 2) –]
der einmal vestgesetzten Ordnung gekleidet. Sie genießen in
derselben Ihren völligen Unterhalt, und alle nach Ihren Umständen mögliche Unterweisung. Die Personen welche jetzo
würklich in der Schule sind, in derselben ernähret und besoldet
werden um dieses Geschäffte zu bewürken sind

1) die SchulAufwärterin, deren Amt ist die Kinder zu reinigen, und
das Vieh, das bereits der Schule gekauft worden [ist], zu füttern

2) der Schul-Verwalter und deßen Fraw. Jener besorget die oeconomie und unterweiset die Kinder im Schreiben. Diese besorget
die Küche, und unterweiset die Kinder im Spinnen und strikken

3) Eine Nähe-Fraw. Deren Geschäfte [es ist,] die Kinder im Nähen und stikken zu unterweisen. //

4) der Schul-Hofmeister. Dieser ist ein geschikter Auditor von
mir, der die Kinder im Lesen in der Moral und in dem Christenthum unterweiset

5) der Schul-Mathematicus dieser unterweiset einige im Zeichnen Rechnen in der Mechanic und so weiter

Außer diesen muß wochentlich 2 Stunden ein Paruquen[226] ma-
cher einigen Buben das Haar- und Paruquen accomodiren[227]
zeigen. So weit ist es durch die Güthe Gottes gekommen, der so
wird gewiß dieses Geschäffte weiter unterstüzen. Ich habe auch
bereits den Anfang gemacht Steine brechen zu laßen, um mit
der Zeit ein Gebäude aufzuführen, das zur Vollständigkeit die-

---

226 Perücken.
227 Herrichten.

ses Geschäfftes erforderlich [ist]. [– (Bl. 3) –] Ewer Hochwohlgebohrnen werden fragen, woher kommt das Geld zur Ausführung
eines so weit aussehenden Werkes. Es ist wa[h]r es ist dieß eine
sehr wichtige Frage. Ich andworthe, der Gott der meine Absicht
kennet, und der es will, daß wir unsere Kräffte einem solchem
Geschäffte witmen soll[en], der wird die Lust in mir, dieß zu unternehmen, nicht umsonst erwekket haben, Er wird mir auch gewiß die Mittel hiezu verschaffen. Meine Quellen sind die, welche
ich § 7 des 2 Capitt[els] des Entwurfs angegeben habe. Ich habe
bis hieher noch keine Noth gehabt, ob es zwar gegenwärtig sehr
theuer // ist. Gott wird gewiß die Herzen seiner Kinder erwekken,
daß Sie mir freiwillig Hülfe leisten, dieß Geschäffte bis zur Vollständigkeit hinauszuführen. Das Vergnügen, was ich bey diesem
Geschäffte finde, ist unbeschreiblich. Ich empfehle es auch Dero
liebreichen Fürsorge, und erbitte mir dabey Dero Rath, wie ich es
in diesem oder jenem Stükke vorzüglich einrichten könne.
Dem jungen Hrn Schaeblern[228] werde ich alle mir mögliche Ge-
fälligkeit erweisen.
Zu Ewer Hochwohlgebohrnen ferneren Liebe, Freundschaft [–
(Bl. 4) –] und Wohlgewogenheit empfehle ich mich aufs beste,
und versichere daß ich lebenslang in vollkommenster Hochachtung [sein] werde

Ewer Hochwohlgebohrnen
Meines Hochgeschäzten Gönners

ergebenster Diener
JGDarjes

---

228 Die letzten Buchstaben des Namens sind im Brief überschrieben
und daher schlecht lesbar. Gemeint ist wahrscheinlich Georg Jakob
Schaeblen (1743–1802), Sohn eines Organisten und Küsters aus Harburg,
welcher sich am 24. April 1762 in Jena immatrikuliert hatte, ab Mai 1764
jedoch in Altdorf weiter studierte. Vgl. Burger, *Pfarrerbuch Bayerisch-
Schwaben*, S. 42ff.; *Matrikel Jena.*

4 Geheimde Canzley-Acta die Rosen-Schule zu Camsdorf betr. 1760–1764[229]

4.1 J. G. Darjes an Anna Amalia, 22. Dezember 1760[230]

Durchlauchtigste Herzogin
Gnädigste Fürstin und Frau,

Nachdem es in das 26steJahr gehet, da auf Ew[er] Herzogl[ichen] Durchl[aucht] weltberümten Academie ich außer der Mathematick und verschiedenen Theilen der Rechts-Gelersamkeit, der Philosophie und insbesondere die praktische Philosophie bey einem vorzüglich ansehnlichen Beyfall der hier Studirenden öffentlich gelehret habe; So entstehet nunmehro in mir das ernstliche Verlangen, den Rückstand meiner Jahre unter der göttlichen Regierung dazu anzuwenden, daß ich diejenigen Lehren, die viele Hundert Studiosi auf hiesiger Academie von // mir gefaßet haben unter andern bey einem der menschligen Gesellschafft vorzüglich nüzlichen Geschäffte, selbst in die Ausübung bringen könne. Ich will unter der Fürsorge und [dem] Beystande Gottes einen Versuch machen, ob ich auf meinen nahe an Jena liegenden Frey-Güthgen Camsdorff nach ... beygelegten Endwurf[231] eine Real-Schule zur Erhaltung und Erziehung armer Kinder zum Nutzen der wirthschafftlichen Beschäfftigungen werde gründen, und durch einem anhaltenden Fleiße nach und nach bis zur Vollständigkeit werde bringen können.

---

229 Thür. HStAW, B 4756.
230 Ebd., Bl. 1f., Entwurf Bl. 3–8.
231 Beilage des Schreibens ist die handschriftliche Vorabversion des 1761 gedruckten Entwurf(s) einer Real-Schule, der Wortlaut beider Texte ist nahezu identisch.

Da ich es nun mit Gewißheit hoffe, daß der Gott, der es will, daß die Menschen ihre Kräffte, die er ihnen aus Gnaden geschencket hat, zur Beförderung der Vollkommenheit des gantzen nach Möglichkeit anwenden sollen, auch diese meine Bemühung segnen, mir die zur Ausführung dieser Absicht erforderlichen Mittel väterlich schencken, und mir die Kräffte verleihen werde, die Hinderniße, die sich hiebey eräugnen werden glüklich zu überwinden; So habe bey Ew. Hochfürstl. Durchl. um gnädigste Genehmigung dieses meines Vorhabens ich hiedurch unterthänigst bitten wollen. Das Herz der armen Kinder, die vielleicht durch diese Einrichtung [– Bl. 2 –] von ihren Verderben gerettet werden, wird für der gnädigsten Gewehrung dieser meiner unterthänigsten Bitte den Seegen Gottes für den Trohn Ew. Hochfürstl. Durchl. bis in die späteste Nachwelt erbitten. Ich werde mich besonders glücklich schätzen, wenn unter der gloreichen Regierung Ew. Hochfürstl. Durchl. ich in diesem Lande, in dem der in Gott ruhende Durchl. Hr. Vatter[232] des gleichfalls in Gott ruhenden Durchl. Hr. Gemahl[233] Ew. Hochfürstl. Durchl. mir mehr als fürstliche Gnade erwiesen hat, dieses so wichtige Werk werde gründen und ausführen können. Hiebey empfehle zu Ew. Hochfürstl. Durchl. Herzoglicher Gnade ich mich unterthänigst, der ich in vollkommenster Treue und devotion bin

Ew. Hochfürstl. Durchl.

unterthänigster Knecht
Joachim Georg Darjes

---

232   Ernst August von Sachsen-Weimar-Eisenach (1688–1748).
233   Ernst August II. Konstantin von Sachsen-Weimar-Eisenach (1737–1758).

[Im Folgenden ist im Aktenbestand je ein gedrucktes Exemplar *Entwurf einer Real-Schule zur Erziehung armer Kinder, zum Nutzen der wirthschaftlichen Beschäftigungen durch Joachim Georg Darjes* (Jena, Marggraf, 1761)[234] und *Projet D'Une École Économique de Charité pour l'éducation de pauvres Enfants à l'avantage des affaires économique par Joachim George Daries* (Jena, Marggraf, [1761])[235] eingebunden.]

4.2 Anna Amalia an das Weimarische Oberkonsistorium, 5. Januar 1761 (Konzept)[236]

Bey Uns hat der Hofrath und Professor Daries zu Jena, in der zu remittirenden[237] Original Anfuge[238], um die Erlaubniß, auf seinem Freyguthe Camsdorff eine real-Schule zur Erhaltung und Erziehung armer Kinder, zum Nutzen der Wirthschafftl. Beschäfftigungen anlegen zu dürffen, geziemend nachgesuchet. Wann Wir aber vor Faßung einer Entschließung Euren unterthänigsten Bericht und ohnmaßgebl. Gutachten hierüber zu erfordern für gut befunden. Alß begehren ... Wir hiermit gnädigst, Ihr wollet, nach vorhero allenfalß gepflogener Communication mit der O[ber-]V[ormund]schafftl[ichen] Regierung, beydes anhero erstatten ...

Amelie H[erzogin] z[u] S[achsen]

---

234 Thür. HStAW, B 4756. Bl. 9–12.
235 Ebd., Bl. 13–16.
236 Ebd., Bl. 17.
237 Zurückzusendenden.
238 Anlage, Anhang.

4.3 Das Weimarische Oberkonsistorium an Anna Amalia, 17. September 1761[239]

Durchlauchtigste Herzogin,
Gnädigst regierende Fürstin und Frau!

... // ... Wir [haben] nicht nur in dieser in die Policey mit ein-schlagenden Sache die gnädigst anbefohlene Communication cum Regimine[240] ... bewürcket, sondern auch des Ober-Vorm.-Jenaischen Consistorii ohnzielsezl[iches] Gutachten hierüber ... verlanget. Ob nun wohl der von Fürstl.-Ober-Vorm.-Regierung dem Amte Jena ... abgeforderte ..., dergleichen der von dem Con-sitorio zu Jena erstattete ... gehorsamste Bericht in der Sache ein und andere Bedencklichkeiten äußern; So ist doch das von mehrer- [- Bl. 19 -] meldeter Fürstl.-Ober-Vorm.-Regierung ... gegebene Votum[241] so beträchtlich, daß wir demselben bey zutreten kein Bedenken finden, wenn hierbey der Hohen Lan-desHerrschafft die Aufsicht, Anordnung und Verbeßerung der einzurichtenden Real-Schule sowohl in ecclesiasticis als politi-cis jedesmahl vorbehalten bleibet, und des Endes, so viel son-derlich die bey dieser Real-Schule zugebrauchende Lehrer im Christenthum betrifft, diese dem Ober-Consistorio zur Prü-fung vor ihrer Annehmung zuförderst sistiret werden.
Wir hoffen, daß Gott das Werck welches seinen Grund in ei-ner wahren MenschenLiebe zu haben scheinet, und worzu der HofRath Darjes, die äußerl[ichen] Mittel nach Möglichkeit zu besorgen sich angelegen seyn laßen wird, durch seine Direc-tion zum Seegen bringen, // und zu seiner Ehre fördern werde, und überlaßen dahero Ew. Hochfürstl. Durchl. höchsten und gnädigsten Ermeßen, was höchst dieselben mit das Darjesische

---

239 Thür. HStAW, B 4756. Bl. 18f.
240 Mit der Regierung.
241 Urteil, Stellungnahme.

Gesuch zu resolviren[242] in Hochfürstl. Milde geruhen werden, besonders ob auch höchst dieselben nöthig finden möchten, daß der Academie Gutachten annoch erfordert werden solle? Die Wir ... in treu- und tiefster Devotion bestehen

Ew. Hochfürstl. Durchl.

unterthänigst treu gehorsamsten
Zum F.-Ober-Vorm.-Ober-Consistorio
gnädigst verordnete Praesident, Vice-Prae-
sident, Räthe und Assessores[243].
Carl Ernst von Rehdiger[244]

4.4 Anna Amalia an das Weimarische Oberkonsistorium, 30. September 1761 (Konzept)[245]

... Uns ist gehorsamst vorgetragen worden, wohin Ihr endlich, nach einem ziemlich langen Verzug, unterm 17ten des zu Ende gehenden Monaths, bey Einsendung der anbey zurückge-sanden Acten, das Euch über den von dem Professor HofRath Darjes zu Jena bey Uns eingereichten Entwurff zur Errichtung einer RealSchule auf seinem FreyGuth zu Camsdorff und über das zugleich um deßen Genehmigung angebrachte Gesuch, abgeforderten gutachtlichen Bericht anhero erstattet, und wie Ihr am Ende die Sache zu Unserm höchsten u. gnädigsten Er-meßen ausgestellet [habt].

---

242 Beschließen.
243 Beisitzer.
244 Carl Ernst von Rehdiger (auch: Rhediger, 1692–1766).
245 Thür. HStAW, B 4756. Bl. 20f.

Wir sind dadurch veranlaßet worden, Uns sothanen[246] Entwurff nochmahls sowohl, als die verschiedenen deßen Ausführung angeblich im Weg stehenden Bedenklichkeiten,
umständlich referiren zu laßen, demnächst aber, wohin Euer
und der OVschafftlichen Regierung Gedanken über beydes gerichtet seyen, und die von Euch anhand gegebener Einschränkungen, unter welchen die Errichtung der Schule gnä[digst] zu
gestatten seyn möchte, mit jenen Bedenklichkeiten zusammen
zu- // halten.

Wir haben bey dieser Gegeneinanderhaltung so weit befunden,
daß das Darjes[ische] Projekt unter denen von Euch in ohnzielsezlichen Vorschlag gebrachten, zur Removirung[247] der demselben entgegen gesetzt werden wollenden Bedenklichkeiten
hinreichenden Einschränkungen ganz füglich zu genehmigen
und zu deßen Ausführung die gesuchte Einwilligung zu ertheilen [ist].

Unter Voraussetzung sothaner, u. noch ein und andrer Uns
nöthig scheinender Einschränkungen, daß nehml[ich]

1) die Jurisdiction über die nun anzulegende Schule Uns
   u. Unsren nachgesezten OVschafftl. Collegijs verbleibe,
   auch, welches Wir zum faveur derselben andurch disponiren, von selbigen, als in Ecclesiasticci von Euch, u. in
   politicis von der OVschafftl. Regierung ohnmittelbar
   exercirt werden.

2) daß Uns zu eben dem Ende die Aufsicht über sothane
   Schule, u. die Anordnung derer zu deren Verbeßerung u.
   sonst nöthig findenden Anstalten, auch deren von Zeit zu
   Zeit zu erfahrende Visitation, vorbehalten bleibe,

3) daß die Annahme der bey selbiger anzustellenden Lehrer, besonders dererjenigen, welche zu dem Unterricht
   im Christenthum ge- [– Bl. 21 –] brauchet werden sollen,

---

246 Solchen.
247 Beseitigung.

nicht anders, denn mit Vorbewußt u. Genehmigung Unsers OVschafftlichen hiesigen OberConsistorii geschehe, die zu bestellenden Subjecta demselben vor der würckl[ichen] Annehmung zur Prüfung sistiret, und nachher nicht eher, als wenn sie von selbigen dazu tüchtig, u. in Lehre, Leben, und Wandel untadelhafft erfunden worden [sind], bestellet werden,

4) daß von dem künfftigen Directore sothaner Schule gleich verbindlich gemacht werde, fallß durch selbige denen zunächst gelegenen Schulen in der Stadt und zu WenigenJena, oder vielmehr denen bey selbigen angestellten Lehrern und SchulBedienten an ihren Emolumentis ein beträchtl[icher] Verlust u. Einbuße verursachet werden sollte, denenselben aus dem zu dem Unterhalt der Real-Schule bestimmten u. in der Folge der Zeit weiter anwachsenden fond[s] ein proportionnirliches Aequivalent verabreichen zu laßen,

nehmen Wir keinen Anstand, die gesuchte Einwilligung zu dem mit Errichtung einer dergl[eichen] Real-Schule zu machenden Versuch andurch zu ertheilen, u. wir begehren solchernach ... gn[ä]d[ig]st, Ihr wollet den // HofRath Darjes hiernach mit Resolution versehen, auch ihn dahin anweisen, daß er die vermuthlich vor allen Dingen zu begreifenden Leges[248] vor seine Schule deren Bekanntmachung zur Einsicht u. allenfallßigen Genehmig- oder Abänderung einreichen solle, demnächst aber von allem diesen der OVschafftl. Regierung mit Retradition[249] der dahin gehörigen Acten zu ihrer Information und Nachachtung Nachricht gebe. ...

Amelie H. z. S.

---

248 Gesetze.
249 Zurückgabe.

4.5 Das Weimarische Oberkonsistorium an Anna Amalia, 5. November 1761[250]

Durchlauchtigste Herzogin
Gnädigst regierende Fürstin und Frau,

Zu unterthänigster Befolgung des von Ew. Hochfürstl. Durchl.
an uns unterm 30. passato[251] erlaßnen … höchsten und gnädigsten Rescripti[252], haben wir dem Professori und HofRath,
D[oktor] Darjes zu Jena, die unter gewißen Einschränkungen
gnädigst ertheilte Einwilligung in die auf deßen Guthe zu
Camsdorf anzulegende Real-Schule … gehörig bekannt gemacht, und ihn nach Vorschrifft // hochvermeldten Rescripti
zu Ertheilung seiner Erklärung darüber angewiesen.
Es hat hierauf gedachter Professor und HofRath, D. Darjes, in
dem … gereichten Schreiben die von Ew. Hochfürstl. Durchl.
ihm hierunter erwiesene hohe Gnade nicht nur mit unterthänigsten Danck erkannt, sondern auch sich erkläret, daß er die
ihm … gesetzten Schrancken mit unterthänigsten Danck annehmen [werde], wegen der … gnädigst reservirten Aufsicht
aber vorgestellet, daß er sich dieses Recht in seinem übergebe-
nen Project Cap. II. § 2 et 3 darum erbeten [hat], damit er über
diese Schule die Inspection führen, sich einen Inspectorem
adjunctum[253] setzen, dieser bey seinem Absterben wieder seinen Adjunctum ernennen dürfe, und in dieser Ordnung die
In- [– Bl. 25 –]spection fortdaurend und gleichförmig bestellet werden möchte; er erbitte sich noch jetzo hierdurch keine
weiteren Grentzen oder Inspection aus, als die der Inspector

---

250 Thür. HStAW, B 4756. Bl. 24ff. Ausgelassen sind Verweise auf andere Ak-
     tenstücke.
251 Des vergangenen (Monats).
252 Offizielle Antwortschreiben, Bescheide.
253 Hilfsinspektor.

des Hällischen Waisenhaußes[254], und die ein jeder Abt und Prior in seinem Kloster habe, und zwar unbeschadet der Landes Fürstl. Ober-Aufsicht Ew. Hochfürstl. Durchl., als höchstwelchen das Recht verbleibe, die Einrichtung der Schule untersuchen zu laßen, und von dem Zustand derselben die getreuste Nachricht, die höchst Denenselben vorgeleget werden solte, einzunehmen. Es macht damit der HofRath, Daries, zwischen der Special-Aufsicht oder Inspection, und zwischen der Landesherrl. Ober-Aufsicht einen Unterschied; jene will er, qua[255] Director des Instituti, führen, und diese Ew. Hochfürstl. Durchl. keinesweges in contestation[256] ziehen, sondern sich und seine Real- // Schule derselben willigst unterwerffen. Ob wir nun wohl nicht zweiffeln, daß Ew. Hochfürstl. Durchl. höchste Intention bey Abfaßung der hohen Rescripti ... dahin gegangen seyn werde, daß unter der ... reservirten Aufsicht die Landes Fürstl. Ober-Aufsicht gemeint gewesen, mithin die Special-Inspection zu Einricht- und Führung der Real-Schule dem Stifter zu überlaßen sey; So haben doch Ew. Hochfürstl. Durchl. wir zu höchster Interpretation dero Hochfürstl. Rescripti darüber diesen unterthänigsten Bericht cum Actis[257] erstatten, höchst Deroselben gnädigste Resolution in der Sache erbitten, und zugleich die Dariesische Declaration, wie weit er sich zur öffentl. Bekanntmachung seiner Real-Schule und deren legum[258] ... seiner Vorstellungs-Schrifft heraus [– Bl. 26 –] gelaßen [hat], zu höchster Dijudicatur[259] unterthänigst stellen wollen. Die wir mit ... tiefster Devotion beharren

Ew. Hochfürstl. Durchl.

---

254 Gemeint sind die Franckeschen Stiftungen bei Halle.
255 Als.
256 Abrede, Anfechtung.
257 Mit Akten.
258 Gesetze.
259 Beurteilung.

unterthänigst treu gehorsamste
Zum Fürst.-Ober-Vormundschaftl.-Ober-Consistorio
gnädigst verordnete Praesident,
Räthe und Assessores.
Johann Friedrich von Hendrich [260]

4.6 Anna Amalia an das Weimarische Oberkonsistorium, 17. November 1761 (Konzept) [261]

... Gleichwie nun, als Ihr die Sache auch angenommen [habt], bey Erlaßung Unsers vorigen Rescripts // es keine andre denn diese Meynung gehabt [hat], daß Wir Uns bloß die Landes Fürstl. Ober-Aufsicht über die Schule gnädigst vorbehalten, dagegen aber die Special-Inspection zu der Einricht- u. künfftigen Dirigirung dem Stiffter lediglich überlaßen wollen, u. dem H. Hof-Rath Darjes sich solches gefallen laßen zu wollen declariret [262] [haben], hienächst auch, da derselbe die Entwerf- u. Publicirung ordentlicher Legum vor dieses neue Institutum vorerst annoch Anstand [263] zu geben, u. anjezo bloß es bey einer ganz generellen Anzeige von demselben und deßen Einrichtung bewenden laßen zu wollen, geäußert, zugleich aber, wenn er etwas weiter bekannt zu machen vor nothwendig ansehen würde, solches zuförderst zur Einsicht einzureichen sich verbindlich gemacht [hat], dargegen ganz nichts zu erinnern ist. Also begehren Wir ... hiermit gnädigst, Ihr wollet vorstehendes offtgedachten Professori, HofRath Darjes mittelst anderweit[iger] Resolution zu seiner Nachricht u. Beruhigung bekannt machen, demnächst

---

260 Johann Friedrich von Hendrich (gestorben 1775).
261 Thür. HStAW, B 4756. Bl. 28f.
262 Erklärt.
263 Aufschub.

aber, nunmehr zu völliger Sicherstellung deßen vorhabenden Etablissements vor allem, was künfftig zu deßen Hinderung gereichen könnte, eine förmliche Concession über solches begreifen, u. an Uns zur Vollziehung einsenden. [– Bl. 29 –] ...

Amelie H. z. S.

4.7 Das Weimarische Oberkonsistorium an Anna Amalia, 22. Dezember 1761[264]

Durchlauchtigste Herzogin,
Gnädigste regierende Fürstin und Frau!

Ew. Hochfürstl. Durchl. haben uns ... die von dem Hof-Rath und Professore D. Darjes zu Jena gesuchte Erlaubniß, auf seinem Frey-Guth, zu Camsdorf, eine Real-Schule anlegen zu dürfen, betr[effend], gnädigst anzubefehlen geruhet,
daß wir zu völliger Sicherstellung deßen vorhabenden Etablisements vor allem, was künfftig zu deßen Hinderung gereichen könnte, eine förmliche Concession über selbiges begreifen, und an Höchstdieselben zur Vollziehung unterthänigst einsenden sollen.
Nachdem wir nun, solchen höchsten gnädigsten Befehl zu gehorsamster Folge, diese Concession [haben] abfaßen laßen; Als haben Ew. Hochfürstl. Durchl. wir selbige zur // höchsten Vollziehung hierbey unterthänigst zu überreichen nicht ermangeln wollen. Die wir, unter Erwartung fernern gnädigsten Befehls, in devotester Erfurcht beharren,

Ew. Hochfürstl. Durchl.

---

264 Thür. HStAW, B 4756. Bl. 30.

unterthänigst treu gehorsamste
Zum Fürs.-Ober-Vorm.-Ober-Consistorio
gnädigst verordnete Praesident,
Räthe und Assessores.
Johann Friedrich von Hendrich

[Notiz auf der Vorderseite: „die gnädigst vollzogene Concession
ist den 30. Dec. a. c. ... gehörig bestellet worden".]

4.8 Die Weimarische Regierung an Anna Amalia, mit der Kopie eines Schreibens von J. G. Darjes an die Weimarische Regierung vom 20. Januar 1763, 29. Juni 1763[265]

Durchlauchtigste Herzogin,
Gnädigste regierende Fürstin und Frau!

Nachdem der Hof Rath und Professor, Darjes, zu Jena, die Beschreibung des gegenwärtigen Zustandes der in Camsdorff
angelegten Real- und sogenannten Rosen-Schule, durch öffentlichen Druck bekannt gemacht und davon mit copeylich
angebogenen[266] Bericht einige Exemplarien anhero eingeschicket
ket [hat]; so haben an Ew. Hochfürstl. Durchl. wir beygeschlo-
ßene vier Exemplaria ... einzusenden unserer unterthänigsten
Schuldigkeit // zu seyn erachtet, und beharren in tiefster Erniedrigung

Ew. Hochfürstl. Durchl.

---

265 Thür. HStAW, B 4756. Bl. 31ff.
266 In Kopie angefügten.

unterthänigste treu gehorsamste
Fürs.-Sächs. zur Ober-Vormundsch.
Regierung verordnete Praesident,
Geheime und Hof- auch Regierungs-
Räthe und Assessores.
Fr[anz] Ludw[ig] Freyh[err] von Reinbaben[267]

//32// Copia. ...

Nachdem die unendliche Güthe Gottes es bey der nunmehro
verfloßenen zweydeutigen Zeit, und bey der gehabten großen
Theurung es mir möglich gemacht hat, daß die unter den gnädigsten Schutze Eur. p.[268] von mir angefangenen Reall-Schule,
der ich den Nahmen der Rosen-Schule bey Jena gegeben, ich in
diesen ersten Jahre über mein // Vermuthen so weit gebracht
habe, daß ich die Beschreibung Ihres Zustandes der Welt öffentlich habe vorlegen können; so nehme ich mir auch die Freyheit
Eur. p. diese Beschreibung unterthänigst zu übergeben. Nichts
wird mir angenehmer seyn, als wenn die von mir bey dieser
Schule bis hieher gemachte Veranstaltungen auch nur in einigen
Stücken das gnädigste Wohlgefallen Eur. p. erlangen wollten. Ich
werde nicht ermüden, alle meine Kräffte dahin anzuwenden, daß
[– Bl. 33 –] ich unter dem Beystand des unendlich gütigen Gottes
dieses angefangene Werck in derienigen Vollkommenheit werde
darstellen können, die deßen Absicht gleichförmig ist.
Darzu Eur. p. Gnade ich mich unterthänigst empfehle und in
vollkommenster Treue jederzeit seyn werde

Eur. p.

Joachim Georg Darjes

---

267 Franz Ludwig von Reinbaben (gest. 1768).
268 Usw.

[Im Folgenden ist im Aktenbestand ein gedrucktes Exemplar *Das erste Jahr der Real-Schule die den Namen die Rosen-Schule bey Jena führet beschrieben von ihrem Stifter und ersten Director.* (Jena, Gollner, 1763)[269] eingebunden.]

4.9 G. J. Becker an Anna Amalia, 28. September 1763[270]

Durchlauchtigste Herzogin,
gnädigste Fürstin und Frau,

Ew. Hochfürstl. Durchl. wird annoch im gnädigsten Andencken ruhen, wie der jezige Königl. Preuß. Geheimde Rath und Professor Juris, Doct. Darjes, als Inspector der RosenSchule bei Jena, bei seiner vorstehenden Reise nach Franckfurth an der Oder, die unterthänige Anzeige gethan [hat], daß mir die Stelle eines Inspectoris-Adjuncti[271] bei gedachter Rosenschule übertragen worden [ist], welche ich denn auch unter dem Beistande Gottes, zu Ew. Hochfürstl. Durchl. gnädigsten Gefallen, und zum besten der armen Kinder, nach meinen äussersten Vermögen zu verwalten niemahls ermangeln werde.
Da sich nun einige wahre Menschenfreunde vorgefunden [haben], welche nicht nur zur Unterhaltung, sondern auch zur Aufnahme und zum Flor der RosenSchule mir angefügten Plan zu einer sehr vortheilhaften Lotterie communiciret [haben], mit dem Ansinnen, darüber Ew. Hochfürstl. Durchl. allerhöchste und gnädigste Concession unterthänigst auszu- // wircken; Als habe [ich], meiner Pflicht gemäß, sothanen Plan nicht nur

---

269 Thür. HStAW, B 4756. Bl. 36–43.
270 Ebd., Bl. 44, Plan der Lotterie Bl. 45.
271 Hilfsinspektor.

unterthänigst einsenden, sondern auch um Ew. Hochfürstl. Durchl. allergnädigste Concession unterthänigst bitten sollen. Der ich unter Erwartung gnädigster Resolution mit tiefster Ehrfurcht ersterbe

Ew. Hochfürstl. Durchl.
Meiner gnädigsten Fürstin und Frauen

unterthänigst treu gehorsamster
Knecht
Gottlieb Joachim Becker

4.10 Anna Amalia an die Weimarische Regierung, 7. Oktober 1763 (Konzept)[272]

... ersehet Ihr aus der Original-Anfuge, welchergestalt der Inspector adjunctus bey der Rosen-Schule zu Camsdorff, Gottlieb Joachim Becker, um gnädigste Concession zu Errichtung einer zum Besten nurgedachter Schule projectirten Lotterie submissest[273] nachgesuchet [hat]. Wann Wir dann, ehe Wir deshalb eine Entschließung faßen, Euch mit Euerm ohnmaaßgeblich gutachtlichen Bericht darüber zu vernehmen der Nothdurfft zu seyn erachtet [haben]; Alß begehren Wir ... gnädigst, Ihr wollet solchen mit Remission des OriginalSupplicats[274], des fördersamsten anhero erstatten. ...

Amelie H. z. S.

---

272 Thür. HStAW, B 4756. Bl. 46.
273 Unterwürfigst.
274 Rücksendung der Originalanlage.

4.11 Die Weimarische Regierung an Anna Amalia, 17. Oktober 1763[275]

Durchlauchtigste Herzogin,
gnädigst regierende Fürstin und Frau.

Ew. Hochfürstl. Durchl. remittiren wir zuförderst das ... Schreiben des Inspectoris adjuncti, Gottlieb Joachim Beckers, ... // ... und können, da Ew. Hochfürstl. Durchl. uns mit unserem unmaßgeblichen gutachtlichen Bericht darüber zu vernehmen in Gnaden resolviret [hat], devotest nicht verhalten, wie zwar, weil der Nuzen dieser Lotterie ad piam causam[276] verwendet werden soll, hierunter kein weiteres Bedenken vorwalten dürffte, wenn nur vorher erst das Publicum, wegen derselben Sicherheit hinlänglich gesichert seyn wird.

Unsers unterthänigsten unzielsetzlichen Davorhaltens nach könnte vermeldetem Inspectori adjuncto vorher noch:

daß er vor allen Dingen erst, ob und auf was vor Art zur Sicherheit des Publici hinlängliche Caution wenigstens auf zehen Tausend Thaler durch annehmliche Bürgen oder sonst bestellet werden könne, beyzubringen, sodann, aber sich zur eydlichen [– Bl. 48 –]verpflichtung, wegen Richtighaltung der Bücher, anhero zu sistiren, und solche Bücher uns, oder wenn Ew. Hochfürst. Durchl. darzu sonst Aufftrag zu thun geruhen werden, auf Erfordern allezeit zu produciren, solche aufzuschließen und deßhalb Red und Antwort zu geben verbindlich machen wolle, in Schrifften zu erklären habe,

auferleget, und, wenn er diese Caution auf eine oder die andere Art praestiret[277], sich verpflichten laßen und wegen der Bücher

---

275 Thür. HStAW, B 4756. Bl. 47f.
276 Für einen guten Zweck.
277 Gewährleistet, beschafft.

verbindlich gemachet [hat], die gebetene Concession, iedoch anfänglich nur auf ein halbes Jahr ertheilet werden, welches Ew. Hochfürstl. Durchl. höchsten Einsicht und gnädigst gefälligen Entschliesung wir devotest anheim stellen, die wir in tiefster Erniedrigung beharren

Ew. Hochfürstl. Durchl.

unterthänigst treu gehorsamste
Fürst.-S[ächsische] zur Ober-Vorm.
Regierung anhero verordnete Praesident,
Geheime, Hof- und Regierungs-
Räthe auch Assessores.
Frantz Ludwig Freyh. von Reinbaben

4.12 Anna Amalia an die Weimarische Regierung, 28. Oktober 1763 (Konzept)[278]

Was Ihr, statt des von Euch erforderten ohnmaaßgeblichen Gutachtens, über das von dem Inspectore adjuncto der Rosenschule zu Camsdorf bey Jena, Gottlieb Joachim Becker, angebrachte unt[er]th[äni]gste Gesuch um Gestattung einer zum Besten gedachter Schule zu veranstaltenden Lotterie, [habt] zu erkennen geben und in Anfrage stellen wollen, solches ist Uns aus Eurem gehorsamsten Bericht vom 17. dieses [Monats] behörig vorgetragen worden.

Nun ist zwar gegen die von Euch wegen Verschaffung aller erforderlichen Sicherheit vor das an dieser Lotterie theilnehmende Publicum geäußerte Vorsorge an und vor sich nichts zu erinnern. Gleichwie aber hierunter wohl nicht auf eine gewiße

---

278   Thür. HStAW, B 4756. Bl. 50.

und am allerwenigsten auf eine so hohe Summe, als von Euch in Vorschlag gebracht werden wollen, reflectirt und bestanden werden kan, sondern es hierunter hauptsächlich auf eine wegen der Vermögens-, und andren Umstände des supplicireten[279] Beckers, auch des Ruffes, in welchem derselbe stehet, einzuziehende zu- // verläßige Erkundigung, und allenfallsige Vernehmung desselben, ingleichen eine durch derselben zu gebende nähere Erläuterung des allzu general und unbestimmt eingerichteten Plans, ankommt, welche Ihr, um die Sache kurz zu faßen, ohne vorherige Anfrage hättet veranstalten können und sollen: Also begehren Wir ... hiermit gn[ä]d[ig]st, Ihr wollet annoch fördersamst, und zwar durch neuerliche Vernehmung des zu solchem End von Euch zu erfordernden Inspectoris adjuncti Becker alle diese zur Determinirung Unserer über die Sache zu nehmenden Entschließung Uns zu wißen nöthige Umstände in ein nähres Licht sezen, und das abgehaltene Protocoll, unter Beyfügung Eures ohnzielsezlichen Gutachtens, an Uns ohnverlangt einsenden. ...

Amelie H. z. S.

4.13 G. J. Becker an Anna Amalia, 19. November 1763[280]

Durchlauchtigste Hertzogin,
Gnädigste Hertzogin und Frau,

Ew. Herzog. Durch. werden sich allergnädigst zu erinnern geruhen, wie als Inspector der Rosenschule bei Jena ich vor einiger

---

279 [Wahrscheinlich supplicirenden:] nachsuchenden.
280 Thür. HStAW, B 4756. Bl. 51.

Zeit um eine allergnädigste Concession wegen Einrichtung einer Lotterie zum Besten besagter Schule unterthänigst nachgesuchet [habe]. Höchstdieselben haben auch allergnädigst mir die Versicherung geben laßen, wie daß nach gegebener näherer Erläuterung über den Ew. Herzog. Durch. davon unterthänigst überreichten Plan ich in Kurzem die leztere allergnädigste Resolution darüber erhalten solte. Es nähret sich nunmehro die Leipziger so wohl als Braunschweiger Meße, auf welchen ich durch Hülfe meiner Freunde der Würklichwerdung dieser Lotterie um desto mehr entgegen sehe, weil an diesen Orten sich jene Freunde hauptsächl. gegenwärtig finden werden. An Ew. Herzog. Durch. ergehet demnach // meine unterthänigste Bitte, ob Höchstdieselben allergnädigst geruhen wollen, mir diese leztere allergnädigste final Resolution angedeihen zu laßen. Vor diese mir huldreichst anzugedeihende Gnade beharre ich in unterthänigster Devotion

Durchlauchtigste Herzogin,
Gnädigste Fürstin und Frau

Ew. Herzog. Durch.

allerunterthänigster Knecht
Gottlieb Joachim Becker.

4.14 Anna Amalia an die Weimarische Regierung, 22. November 1763 (Konzept)[281]

... Wir hatten zwar geglaubet Uns versehen[282] zu können, Ihr würdet den Euch unterm 7ten vorigen Monaths abgeforderten, und unterm 28. ejusdem[283] erinnerten Bericht über das ... Gesuch um Concession einer ... Lotterie, um so mehr baldigst anhero zu erstatten ohnvergeßen seyn, da Wir Euch deßen Beschleunigung beyde mahle anempfohlen hatten.

Nachdem jedoch sothaner Eurer Bericht gegen alles Unser Vermuthen biß dato noch nicht in dermaaße eingegangen [ist], daß Wir Uns über das Beckerische Gesuch eine Entschließung zu faßen in den Stand gesehen [haben], inzwischen aber Becker in der abschrifftl. Anfuge dieserhalb anderweite Instanz[284] gethan [hat]; Alß begehren Wir ... hiermit gn[ä]d[ig]st, Ihr wollet den in der Sache rückständigen Bericht nun fördersamst, und, ohne daß es deshalb annoch einiger Erinnerung bedürfe, anhero // erstatten. ...

Amelie H. z. S.

---

281 Ebd., Bl. 52.
282 Darauf verlassen.
283 Desselben Monats.
284 Erneute Erinnerung, Nachfrage.

4.15 Die Weimarische Regierung an Anna Amalia, 16. November 1763[285]

Durchlauchtigste Herzogin,
gnädigst regierende Fürstin und Frau!

Da es Ew. Hochfürst. Durch. gnädigst gefällig gewesen ist, uns
... zu befehlen, daß wir zuförderst wegen der Vermögens- und
anderen Umstände des Sup- // plicirenden Beckers sowohl als
deßen Rufs, in welchem derselbe stehet, ingleichen wegen des
allzu general und unbestimmt eingerichteten Plans gedachter
Lotterie nähere Erkundigung und ... Erläuterung einziehen
sollten. So haben wir zu unterthänigster Befolgung deßen
nicht ermangelt, nicht nur mehr ermeldten Inspectorum adjunctum, um von ihm wegen des Plans sothaner Lotterie nähere Erläuterung einzuziehen, vor uns zu laden, sondern auch
von der gesamten Academie zu Jena über deßen Vermögens
Umstände und Ruf ... bericht zu erfordern. Nachdem nun er-
meldter Bericht ... eingegangen [war], auch der Inspector Adjunctus Becker die Umstände und Plan gedachter Lotterie ... er-
[– Bl. 54 –] theilet [hatte], daraus aber zu ersehen gewesen [war],
daß bey sothaner Lotterie das Publicum gar großen Hazard[286]
lauffe, immaßen bey wohl eingerichteten Lotterien gegen einen Treffer höchstens zwey Fehler passieren, in gegenwärtiger
Lotterie aber gegen 3 Treffer 93 Fehler gerechnet werden, worzu
noch kommet, daß bey dieser Lotterie der Terno[287] Gewinnst
sehr selten heraus kommen wird, über dieses auch, da der Inspector adjunctus Becker in seiner Erläuterung ... mit angegeben [hat], daß sothane Lotterie eher nicht als bis so viele Gelder

---

285 Thür. HStAW, B 4756. Bl. 53ff. Das Schreiben ist offensichtlich erst später
     bei Anna Amalia eingetroffen.
286 Risiko.
287 Drei getippte und gezogene Nummern.

ad Cassam[288] gekommen [sind], daß hiervon der höchste Terno und Ambo[289] Gewinnst bestritten werden könne, gezogen werden sollte, nicht zu glauben ist, daß solche zur Consistenz kommen wird, verfolglich, da so dann die Einlagen nach dem von des In- // spectoris adjuncti Beckers an die Einleger zurück gegeben werden müßen, alle Lotterien aber anfänglich mit großen Kosten-Aufwand verknüpfet sind, diese Kosten sodann auf die Rosen Schule zurückfallen und selbige, an statt reicher, nur ärmer machen würden.

Als sehen wir uns vorliegenden Umständen nach außer Stande, Ew. Hochfürst. Durch. die gebetene Concession zu mehr besagter Lotterie unterthänigst anzurathen; Solte aber Ew. Hochfürst. Durch. iedennoch gnädigst gefällig seyn, aus denen von dem Inspectore adj. Becker ... angeführten Gründen diesem Gesuch zu deferiren, so würde zwar demselben die gebetene Concession zu gedachter Lotterie, iedoch anders nicht als unter denen ... [– Bl. 55 –] ... von ihm selbst zugesagten Conditionen ertheilet werden können, als worüber wir uns gnädigste Verhaltungs Maaße[290] unterthänigst erbitten und in tiefster veneration[291] beharren

Ew. Hochfürstl. Durchl.

unterthänigst treu gehorsamste
Fürst.-S. zur Ober-Vorm.
Regierung anhero verordnete Praesident,
Geheim-, Hof- und Regierungs-
Räthe auch Assessores.
Frantz Ludwig Freyh. von Reinbaben

---

288 In die Kasse.
289 Zwei getippte und gezogene Nummern.
290 Anweisungen.
291 Ehrfurcht, Hochachtung.

4.16 Anna Amalia an die Weimarische Regierung, 29. November 1763 (Konzept)[292]

... Uns ist gehorsamst vorgetragen worden, was Ihr unterm 16. dieses [Monats]... über das Gesuch des Inspectoris adjuncti der Rosen Schule zu Camsdorf bey Jena, Gottlieb Joachim Beckers, und die Gestattung einer zum Vortheil gedachter Schule zu etablierenden Lotterie gutachtlich anhero [habt] zu vernehmen geben wollen.

Wann Wir etwan, aus der doppelten Ursache, weil diese Lotterie zum Besten eines so guten Instituti, als die vorerwehnte Schule [ist], bestimmt ist, und denn, weil supplicierender Becker keine Landesherrliche Garantie, sondern bloß die Gestattung derselben verlanget, über die Euch bey selbiger beygegangener angeblicher verschiedener Bedenklichkeiten hinaus zu gehen, und die von Becker angegebnen Erläuterungen vor hinreichend anzunehmen, mithin denselben unter etwan von ihm bewilligten und zugesagten Conditiones die unt[er]th[äni]gst gebetne Concession angedeyhen zu laßen, in // Gnaden resolviret [haben]; Alß begehren Wir ... hiermit gn[ä]d[ig]st, Ihr wollet mehrerwehnten Inspectorem adjunctum Becker dieses Unsrer Intention gemäß ohnverweilt bedeuten, u. das weiter nöthige allenthalben besorgen. ...

Amelie H. z. S.

---

292   Thür. HStAW, B 4756. Bl. 58.

4.17 Die Weimarischen Regierung an Anna Amalia, 13. Januar 1764[293]

Durchlauchtigste Herzogin,
Gnädigst Regierende Fürstin und Frau!

Da Ew. Hochfürst. Durch. dem Inspectori adjuncto der Rosen-Schule zu Camsdorff bey Jena, Gottlieb Joachim Beckern, zum Vortheil gedachter Schule eine Lotterie zu etablieren, die gebetene Concession angedeyhen zu laßen ... in Gnaden resolviret [haben], haben wir in dessen gehorsamster Befolgung ermeldten Becker ... vorgeladen, selbigen Höchst Ihroselben Intention gnädigst bedeutet, und in die ... Pflicht ... // ... genommen, zugleich auch dem Fürstl. Amt Jena ... den Rath und Landschaffts-Cassier, Heyligenstedt,[294] oder den Renth-Secretarium, Hebenstreit,[295] zu Jena, zur Besorgung der Haupt-Einnahme der eingehenden Einlags-Gelder zu disponiren aufgegeben, und inmittelst die Concession selbst ... begreifen laßen. Nun hat zuvor der Rath und Landschaffts-Cassier, Heyligenstedt, besage des eingegangenen Berichts ... die Haupt-Einnahme verbeten, der Rath-Secretair Hebenstreit hingegen sich dazu unter übertriebenen und nicht zu gestattenden Bedingungen verstanden, welche uns veranlaßet [haben], nach Vorschrifft der Rescripti ... sowohl ermeldten Hebenstreit als auch den Inspectorem adjunctum, Becker, hierunter nochmahls vernehmen zu laßen. Wir haben daher, um weiteren Verzug der Sache selbst vor- [- Bl. 60 -] zu kommen, nicht länger anstehen sollen, das beyliegende mundum[296] angeregter Concession zu Ew. Hochfürst. Durch. gnädigst gefälligen Vollziehung unterthänigst

---

293 Ebd., Bl. 59f.
294 Johann Georg Heyligenstädt (gest. 1773)
295 Angaben zu Hebenstreit wurden nicht gefunden.
296 Reinschrift.

einzusenden, werden auch, wenn der Renth-Secretair Hebenstreit, unter billigern conditionen, die Collectur der von denen Jenaischen Einwohnern eingehenden Lotterie-Einlagen
zu übernehmen nicht zu bewegen seyn dürffte, einen anderen
Collectorem in Jena ausfindig zu machen und zu bestellen,
nicht ermangeln; die wir in pflichtschuldigstem Gehorsam
beharren

Ew. Hochfürstl. Durchl.

unterthänigst treu gehorsamste
Fürst.-S. zur Ober-Vormundschafft.
Regierung verordnete Praesident,
Geheim-, Hof- wie auch Regierungs-
Räthe und Assessores.
Johann Poppo Greiner.[297]

4.18 Anna Amalia an die Weimarische Regierung, 20. Januar 1764 (Konzept)[298]

... Nachdem Wir die von Euch mittelst unt[er]th[äni]gsten Berichts von 13. hujus in mundo eingesandte Concession vor
den Inspectorem adjunctum der Rosen Schule zu Camsdorf
bey Jena, Becker, in Ansehung der von demselben zum Vortheil gedachter Schule zu etablierenden Lotterie um so weniger zu vollziehen einigen Anstand gefunden [haben], da Wir
von Anfang her gedachten Becker in den dieserhalb bey Uns
angebrachten unt[er]th[äni]gsten Gesuch zu deferiren genei-
get gewesen; Alß haben Wir Euch sothane von Uns vollzogene

---

297   Johann Poppo von Greiner (1708–1772, Reichsadel 1764).
298   *Thür. HStAW, B 4756. Bl. 61.*

Concession anschlüßig weiter zuzufertigen befohlen und Wir begehren zugleich, bey ebenmäßiger Remission der diese Angelegenheit betreffenden Acten, andurch gn[ä]d[ig]st, Ihr wollet mehrerwehnte Concession nunmehr dem Eingangs gedachten Inspectori adjuncto, Becker, aushändigen und hiernächst wegen Ausfindigmachung eines andern Collecteurs in Ansehung der von etwan Jenaischen Einwohnern einkommenden Geldes, fallß der RenthSecretarius Hebenstreit zur Übernehmung dieser Collectur unter billigen Bedingnißen nicht zu dispo- // niren stünde, auch sonst das überall weiter nöthige besorgen und verfügen. ...

Amelie H. z. S.

5 Korrespondenz der Jenaer Freimaurerloge *Zu den drei Rosen,* die *Rosenschule* betreffend[299]

5.1 An die Mutterloge *Zu den drei Weltkugeln* in Berlin, 10. August 1761[300]

Sehr Ehrwürdiger Meister vom Stuhl,
Sehr Ehrwürdiger Deputirter Meister,
Ehrwürdige Brüder Vorsteher,
Beamte und Mittglieder
der Sehr Ehrwürdigen, Gerechten, und Volkommenen[301]

---

299 Der Abdruck der folgenden Aktenstücke erfolgt mit freundlicher Genehmigung durch Herrn Klaus Röder, Großarchivar der Großen National-Mutterloge *Zu den drei Weltkugeln* in Berlin.

300 GStAPK, FM 5.1.4, Nr. 5944, Bl. 192f.

301 „Gerecht und vollkommen (juste et parfaite) heisst eine Loge, wenn sie gesetzlich begründet und daher als zu Recht bestehend anerkannt ist ..., im Gegensatze zu den Winkellogen" (*Freimaurerhandbuch,* S. 499).

Mutter[Loge][302] zu den 3 Weltkugeln,
Verehrungswürdige Brüder,

Es ist gewis, daß der Flor der Freymäurerei der Zweck unserer
gerechtesten Wünsche [ist]. Wie hätte denn wohl die von Ihnen, Verehrungswürdige Brüder uns gütigst gegebene, und
von uns mit ergebensten Danck angenommene Nachricht
von der glücklichen Verbindung der dasigen Töchter mit Ihrer
rechtmässigen Ehrwürdigsten Mutter etwas andres bey uns
würcken können, als das innigste Vergnügen? Der große Baumeister der Welt[303] und Beschüzzer unsres erhabenen Ordens
laße nicht nur diese angenehme Verbindung unauflöslich seyn,
sondern er wolle auch unter der nach dem Englischen Fuß[304]
von Ihnen rühmlichst eingerichteten Beginnungs-Form uns
allen // das heilige in unserm Tempel volkommen geniessen,
und alles das in die Erfüllung gehen laßen, was die uns gütigst
zugesendete Rede, aufs angenehmste geschildert hat. Einge-
legtes Schreiben ist eine Frucht dieses unseres aufrichtigsten
Wunsches. Wir haben, Verehrungswürdige Brüder, allerdings
Ursache, daß wir uns wegen der Verabsäumung unserer Pflicht,
Ihnen die Nachricht von unseren Arbeiten zu überschreiben,
bestens entschuldigen. Nichts als ... Neben-Dinge haben bis
hieher das Stillschweigen verursachet. Anizzo[305] haben wir
das Vergnügen einige Nachrichten von unsren Arbeiten schul-
digst zu überschreiben. Beilage sub A.[306] fasset das Verzeichnis
der von uns seit unserm letzten Schreiben aufgenommenen

---

302 Das in eckigen Klammern ergänzte Wort ‚Loge' ersetzt hier das in den
   Originalen üblicherweise verwendete Symbol für ‚Loge', ein auf der
   Längsseite liegendes Rechteck.
303 In der freimaurerischen Sprachsymbolik wird Gott als ‚Baumeister der
   Welt' bezeichnet.
304 [Vermutlich:] nach Englischer Lehrart.
305 Jetzt.
306 GStAPK, FM 5.1.4, Nr. 5944, Bl. 200. Es werden Neuaufnahmen seit 1757
   übermittelt.

Brüder. Beilage sub B.[307] beschreibet die letztere Wahl unserer Beamten. Das Johannis-Fest haben wir nach allen Regeln der Maurerei gefeiret,[308] auch dabei auf den Flor unserer Sehr Ehrwürdigen Mutter [Loge] tapfer gefeuret[309]. Die besondern Arbeiten unserer gerechtesten [Loge] [– Bl. 193 –] gehen dahin, daß wir uns bemühen, uns maurerisch zu bilden. Diese Bemühung hat zugleich in uns die Begierde erwecket, einen Versuch zu machen, ob wir der ersten Pflicht der Maurerei allhier werden Genüge leisten können. Wir sind in dem Begriff, unter der Aufsicht, und, weil unsere [Loge] allhier verborgen lebet, unter dem Nahmen unsers beständigen deputirten Meisters[310], allhier eine RealSchule zur Ernährung und Erziehung armer Kinder zum Nuzzen der Wirthschaftl. Beschäftigungen, die nur, nach den unter uns aufgerichteten Contract, von Freymaurern soll bearbeitet werden, zu gründen. Dieses so wichtige Werk auszuführen hat unser Meister bereits bei der LandesHerrschaft um gnädigste Erlaubnis nachgesuchet. So bald wir diese, die wir täglich erwarten, erlanget [haben], so soll im Nahmen Gottes diese Schule eröfnet, und der Plan hirvon gedruckt, der hirbei schriftlich sub C.[311] erfolget, und Ihnen, Verehrungswürdige Brüder, zugesendet werden. Wir bauen dieses so weit aussehende Werk auf der erhabensten Fürsorge Gottes, und // auf die ungeheuchelte Menschen-Liebe aller Brüder, die auf dem Ball des Erdbodens zerstreuet sind. Sie insbesondre, Ver-

---

307 Ebd., Bl. 201I.
308 Johannes der Täufer ist der Schutzpatron der Freimaurer. Am Johannistag (24. Juni) beginnt deshalb für alle Logen das Freimaurerjahr mit einem rituellen Jahresfest, bei dem unter anderem die Beamten neu eingesetzt werden.
309 Hiermit könnte das Abfeuern von Salutschüssen gemeint sein, vielleicht jedoch auch nur wiederum ‚gefeiert'.
310 Gemeint ist hier Darjes als der von der Mutterloge beauftragte Meister der Jenaer Loge.
311 GStAPK, FM 5.1.4, Nr. 5944, Bl. 194–199. Es handelt sich um eine handschriftliche Version des *Entwurfs*.

ehrungswürdige Brüder werden dieser Frucht der Tochter mit mütterl. Gesinnung beistehen, und uns zur Ausstattung derselben mit aller möglichen Tath an die Hand gehen, als worum wir in töchterlicher Zuversicht ergebenst bitten. Wir werden niemahls aufhören, Sie als eine rechtmäßige Mutter mit aller töchterl. Zärtlichkeit zu lieben und zu verehren, und wir empfehlen uns hierbei der mütterl. GegenLiebe. Wir grüßen Sie alle, Verehrungswürdige Brüder, durch die volkommene Zahl,[312] und verharren

S[ehr] E[hrwürdiger] M[eister] v[om] St[uhl], S[ehr] E[hrwürdiger] D[eputirter] M[eister],
E[hrwürdige] B[rüder] V[orsteher], B[eamte] u[nd] M[itglieder] d[er] S[ehr] E[hrwürdigen], G[erechten], u[nd] V[ollkommenen] M[utter][Loge] z[u] d[en] 3 W[eltkugeln],[313] Verehrungswürdige Brüder,

Dererselben aufrichtig ergebene Brüder,

Joachim Georg Darjes M[aitre] en Ch[aise]
Laur[enz] Joannes Daniel Succow M[aitre] dep[uté]
A[ugust] H[einrich] L[udwig] Teichmeyer. Maitre passé,
J[ohann] F[riedrich] Schickard, Surv[eillant] I.
George Laurent Batsch Surv[eillant] II.
G[abriel] C[hristian] Lembke Orateur.
C[hristian] A[lbrecht] G[ünter] B[aron] de Brockenbourg Secretaire.

---

312 In der freimaurerischen Symbolik kommen verschiedene ‚vollkommene Zahlen' vor. Hier dürfte die Zahl 3 gemeint sein, die im Namen beider Logen auftauchte und auch in den Schreiben in einem gezeichneten Dreieck aufgegriffen wurde.
313 Im Original wurde die Anrede am Ende des Schreibens aus Platzgründen durchgängig abgekürzt.

J[ohann] J[akob] H[einrich] Paulßen, M[aitre] p[assé][314]
Joh[ann] Erhard Hamberger St[eward] I.
Pet[er] Henr[ich] Carstens St[eward] II.
G[ottlieb] J[oachim] Becker, Trésorier

[Jacques] Boulet

10./ VIII./ 1761/ Aux trois/ Roses à Je-/ na.[315]

5.2 An die Loge *De la Concorde* in Berlin, 16. Januar 1762[316]

Sehr Ehrwürdiger Groß Meister
Sehr Ehrwürdiger Deputirter Meister
Ehrwürdige Brüder Officier[s] und übrige Ehrwürdige
Mittglieder der Sehr Ehrwürdigen, Gerechten und
Vollkommenen Loge de la Concorde zu Berlin
Allerseits Verehrungswürdige und Wertheste Brüder.

In den 16 Jahren, in welchen unsere gerechte und vollkommene
Loge zu den drey Rosen hieselbst, ob zwar bis hieher in dem verborgenen, geblühet hat,[317] haben sich die Mittglieder und Brüder derselben jederzeit nach Möglichkeit bemühet, dem Zwecke

---

314 Diese und die folgenden Unterschriften stehen im Original zwischen
     der Datumsangabe und den übrigen Namen.
315 Datum und Logenname sind in allen Schreiben der Rosenloge am lin-
     ken Rand der letzten Seite zeilenweise in ein auf der Spitze stehendes
     Dreieck geschrieben.
316 GStAPK, FM 5.1.4., Nr. 5945, Bl. 4f.
317 Die Loge *Zu den drei Rosen* in Jena war im Winter 1744/45 gegründet und
     1745 von Herzog Ernst August von Sachsen-Weimar genehmigt wor-
     den. Ihr offizielles Patent als anerkannte Tochterloge der Berliner *drei
     Weltkugeln* hatten die Jenaer Brüder dann 1746 beantragt und erhalten.

unseres geheiligten Ordens nach und nach näher zu kommen,
und unter der Regierung des weisesten Baumeisters der Welt
solchen zu erreichen. So groß als diese unsere Begierde gewesen [ist], so heftig haben sich bis hieher verschiedene Umstände
darwieder aufgelehnet, die den würklichen Ausbruch unseres
Verlangens verhindert [haben]. Gottlob es gewinnt das Ansehen[318], daß diese Hinderniße verschwinden sollen. Wir haben
demnach ungesäumt den ersten Schritt in der Beobachtung
der ersten Pflicht der Maurerey gemacht. Wir haben, nach dem
[wir] hierzu von der // Durchl. Landes Herrschaft die gnädigste
Erlaubniß und Bestätigung erhalten [haben], den 10. Jan. einen
würklichen Anfang, mit 11 Kindern 7 Knaben und 4 Mädgen,
gemacht, nach bey gelegten Plan unter der Aufsicht unseres von
unserer Sehr Ehrwürdigen Mutter Loge zu den drei Weltkugeln
beständig Deputirten Meisters eine Real Schule, die von keinen
andern als von Brüdern soll bearbeitet werden, zu gründen.
Unser zuvor erwehnter Meister hat seinen in Camsdorff gelegenen Gasthoff so lange dieser Schule völlig geräumet, bis es uns
wird möglich werden, das Gebäude, was ein so weit aussehendes
Werck erfodert, aufzuführen. Sehr VerEhrungswürdige Brüder,
wir haben bey dieser anjetzo so klein scheinenden Sache eine so
weit aussehende Absicht, die sich auf den Nutzen unseres geheiligten Ordens beziehet. Allein woher nehmen wir die Mittel
diesen unseren Plan völlig aus zu führen? Wohlan, wir bauen
dieses so weit aussehendes Werck auf der erhabensten Fürsorge unseres Gottes, und auf der ungeheuchelten Menschenliebe
aller gerechtesten Brüder, die auf dem Ball des Erdbodens zerstreuet sind. Dieß giebt uns einen Grund Sie, Sehr Ehrwürdiger
Meister und Sehr Verehrungswürdige Brüder, aus brüderlichen
Herzen zu bitten, daß Sie auch in diesem Stücke Ihre brüderliche Liebe uns beweisen, und dieser unserer freymäurerischen
Bemühung, als einer Sache die Ihnen eigen ist, Ihre brüderli-

---

318 Den Anschein.

che [– Bl. 5 –] Fürsorge gütigst schencken wollen. Sie werden uns wiederum zu allen Gegen Pflichten eines rechtschaffenen Maurers bereitwilligst finden. Im übrigen empfehlen wir uns zur brüderlichen Liebe, Zuneigung und Wohlgewogenheit. Wir grüßen Sie alle VerEhrungswürdige Brüder, durch die vollkommene Zahl, und verharren

Ew. Sehr Ehrwürdiger Groß Meister
Sehr Ehrwürdiger Deputirter Meister
Ehrwürdige Brüder Officier[e] und übrige Ehrwürdige
Mittglieder der Gerechten und Vollkommenen Loge
de la Concorde zu Berlin
Allerseits Verehrungswürdige und Wertheste Brüder

aufrichtigst ergebene Brüder

Joachim Georg Darjes M. en ch.
Laurentz Johann Daniel Succow. M. dep.
Joh. Frid. Schickard. Surv. I
Georg Laurent Batsch. Surv. II
Gabriel Christian Lembke Orateur.
C. A. G. B. de Brockenbourg. Secretaire
E[rnst] J[ohann] von Fircks St. I
P. H. Carstens St. II

A. H. L. Teichmeyer M. passé[319]
J. J. H. Paulßen, M. p.
Dan[iel] Balth[a]s[ar] Schneider

aux trois Roses/ a Jena./ 1762/ 1./ 16.

---

319 Diese und die folgenden Unterschriften stehen im Original zwischen der Datumsangabe und den übrigen Namen.

5.3 Von der Loge *De la Concorde* in Berlin, 30. Juni 1762 (Konzept)[320]

An die S[ehr] E[hrwürdige] [Loge] zu den 3 Rosen in Jena p. p.

Dero geliebtes [Schreiben] vom 16.1. ist uns von dem S[ehr] E[hrwürdigen] Br[uder] Rosa[321] bey seinem Hierseyn wohl eingehändiget worden. Wir freuen uns über den Wachsthum ihrer [Loge], besonders über das große und herrliche Vorhaben, welches Sie anderen zum erbaulichen Exempel ausführen wollen. Seyen Sie überzeugt, V. V.[322] Brüder, daß der große Baumeister der Welt daßelbe segnen und zum vollkommenen Stande gelangen laßen werde: und nehmen Sie Ihre VersicherungsGründe daher, daß er Sie nicht mehr gänzlich im Verborgenen arbeiten läßet, sondern Ihr heiligthum den Fürsten zur bewundrung darstellet, u. denselben eingiebet, es zu beschützen. Mit wahrer Liebe und Hochachtung gegen die Urheber der milden Stiftung erfüllet, u. mit einer ungeheuchelten brüderlichen Liebe gegen Sie insgesamt, wünschen wir von hertzen, daß ein so heilsames Werk einen erwünschten Fortgang haben möge: wobey wir den in dem Collecten-Buche verzeichneten Beytrag wohlmeinend darbieten.

Wir begrüßen Sie mit allen Ehrenbezeugungen unseres Ordens ... u. verharren mit brüderlichen Gesinnungen

Berlin d. 30. Jun. 1762.

Krüger
1. Aufseher
fratre secretario.

---

320 GStAPK, FM 5.1.4., Nr. 5945, Bl. 1oI. Am Beginn und am Ende des Konzepts steht die römische Ziffer III, wahrscheinlich die ‚vollkommene Zahl'.
321 Philipp Samuel Rosa (geb. 1702).
322 Verehrungswürdige.

5.4 An die Loge *De la Concorde* in Berlin, 17. Januar 1763[323]

Sehr Ehrwürdiger Meister vom Stuhl,
Sehr Ehrwürdiger Deputirter Meister,
Ehrwürdige Brüder Aufseher, Officiers und Mittglieder der Sehr Ehrwürdigen, Gerechten, und Volkommenen [Loge] Concordia zu Berlin,
Allerseits Sehr Verehrungswürdige Brüder,

Dem großen Baumeister der Welt entrichten wir den aufrichtigsten Dank, daß wir uns im Stande befinden, Ihnen, Sehr Verehrungswürdige Brüder, die Früchte unsrer bisherigen Bemühungen in öffentl. Druck[324] volständig vor Augen zu legen, woran Sie aus freymäurerischem Herzen darzu getrieben, einen wesentl. Antheil zu nehmen, Sich gütigst entschloßen haben. Sie ersehen daraus, wie wir als FreyMäurer uns der Welt zu erkennen geben, wie wir angefangen haben, den edlen und rühml. Entschließungen in Absicht auf unsere RosenSchule gemäß zu handeln, und wie wir fortfahren werden, durch den Beistand des Höchsten dazu gestärkt, diejenigen zu ihrer wahren Bestimmung zu führen, die ein feindseeliges Schicksal nur leider mehr als zu sehr davon entfernet [hat]. Haben wir wohl nöthig, Ihnen mehrere Bewegungsgründe zu einem fernern brüderl. Antheil an diesem Geschäffte unserer [Loge] zu den 3 Rosen zu geben? Nein! Sie machen Sich eine wahre Ehre daraus FreyMäurer in der That zu seyn, und hegen mit allen ächten Brüdern den Grundsatz, daß ein FreyMäurer das Gute befördert, wo er Gelegenheit // dazu findet, insbesondere wenn diese Gelegenheit ein Mittel wird zur Beförderung einer we-

---

323 GStAPK, FM 5.1.4., Nr. 5945, Bl. 12If. Ein gleicher Brief findet sich in GStAPK, FM 5.1.4, Nr. 5944, Bl. 204.
324 Gemeint ist der erste Jahresbericht der *Rosenschule*.

sentl. Absicht Unsers geheil. Ordens [ist]. Versichern Sie Sich also unsrer beständigen brüderl. Hochachtung, und glauben, daß wir unter derselben in der uns geheil[igten] Zahl zeitlebens sind

Sehr Ehrwürdiger Meister vom Stuhl,
Sehr Ehrwürdiger Deputirter Meister,
Ehrwürdige Brüder Aufseher, Officiers und Mittglieder der Sehr Ehrwürdigen,
Gerechten, und Volkommenen [Loge] Concordia zu Berlin,

Derselben getreu ergebenste Brüder,

Joach. Georg Darjes best[ändiger] dep[utierter] G[roß] M[eister]
Laur. Jo. Daniel Succow M. dep.
Johann Friedrich Schickard Surv. I
J. J. H. Paulßen, Surv. II
L[udwig] E[hrenfried] F[riedrich] Cramer Orateur.
Ernst Johann von Fircks St. I
Dan. B. Schneider St. II

Gottlieb Joachim Becker[325]
Secretaire

17./ 01./ 1763/ aux/ trois Roses/ à/ Jena.

---

325 Die Unterschrift Beckers steht im Original zwischen der Datumsangabe und den übrigen Namen.

C Anhang

1 Tagesplan der *Rosenschule*[326]

Uhrzeit	Montag bis Samstag			Sonntag
5–6	Aufstehen, Waschen, Ankleiden, Frisieren			
6–7	Gebet, Frühstück			
7–8	Moralische Klasse I (Leseanfänger)	Mathematische Klasse	Arbeiten	Gottesdienst Wiederholung der Predigt Freizeit
8–9				
9–10	Schreiben (Lesekundige)	Arbeiten		
10–11				
11–12	Mittagessen			
12–13	Spielen			
13–14	Moralische Klasse II (Lesekundige)	Arbeiten	**Mittwoch/ Samstag:** Baden, Perückenmacher[327]	Gottesdienst Wiederholung der Predigt Freizeit
14–15				
15–16	Mathematische Klasse	Anleitung zur Arbeit		
16–17				
17–18	Arbeiten			
18–19	Abendessen			
19–20	Spielen			
20–21	Gebet, danach Kleider reinigen, Nachtruhe			

---

326 Erstellt nach Darjes, *Das erste Jahr*, S. 13f.
327 Die Uhrzeit ist hier nicht angegeben, evtl. fiel an diesen Tagen nicht der gesamte Nachmittagsunterricht aus.

2 Zeittafel zur Entwicklung der *Rosenschule* nach den Quellen

1750er Jahre

Darjes beschäftigt sich theoretisch mit dem Projekt einer Realschule in Camsdorf und bespricht es in seinen Vorlesungen.

1760

22. Dez. Darjes bittet bei der Landesherrschaft in Weimar um eine Konzession zur Gründung einer Realschule. Ein handschriftlicher Plan ist beigelegt.

1761

5. Jan. Anna Amalia fordert Darjes' Projekt betreffend vom Weimarischen Oberkonsistorium einen Bericht und ein Gutachten an.

26. Juli Darjes äußert Friedrich Dominikus Ring gegenüber die Hoffnung, die Realschule in wenigen Tagen mit 10 Kindern eröffnen zu können.

10. Aug. Die Jenaer *Rosenloge* kündigt in einem Schreiben an die Mutterloge in Berlin die Gründung einer von Freimaurern getragenen Realschule unter Darjes' Namen an. Der handschriftliche Plan ist beigelegt.

17. Sept. Das Oberkonsistorium in Weimar befürwortet die Genehmigung der Schulgründung, empfiehlt aber gewisse Auflagen.

30. Sept. Anna Amalia informiert das Oberkonsistorium über die zu erteilenden Auflagen.

5. Nov.   Laut Oberkonsistorium bittet Darjes um eine ausdrückliche Bestätigung, dass er in der Schulaufsicht aus Weimar keine Einschränkungen zu befürchten habe.

17. Nov.   Anna Amalia sichert Darjes eine uneingeschränkte Aufsicht zu und beauftragt das Oberkonsistorium, eine förmliche Konzession auszustellen.

22. Dez.   Die Konzession zur Schulgründung wird ausgefertigt und an Darjes ausgehändigt.

Dez.   Der *Entwurf einer Realschule* erscheint gedruckt in deutscher und französischer Sprache. Der Gasthof in Camsdorf wird für die Schule hergerichtet. Erste Spenden gehen ein.

1762

3. Jan.   Darjes stellt seinen Gutsverwalter Johann Christoph Schubert als Schulverwalter und dessen Frau Maria Elisabetha als Köchin für die Schule ein.

4. Jan.   Neun arme Kinder, sechs Jungen und drei Mädchen, im Alter von sieben bis zehn Jahren werden die ersten Zöglinge der *Rosenschule*. Eine arme Frau wird als Schulaufwärterin eingestellt.

9. Jan.   Die Schuluniformen sind fertiggestellt.

10. Jan.   Die *Rosenschule* wird in Camsdorf eröffnet und beim Gottesdienst in Wenigenjena eingesegnet. Elf Kinder, sieben Jungen und vier Mädchen, sind aufgenommen.

12. Jan.   Insgesamt sind 12 Kinder aufgenommen, gekleidet, ernährt und im ehemaligen Gasthof untergebracht. Sie werden in einfachen Handarbeiten und zum Teil von Schubert im Schreiben unterwiesen.

16. Jan.   Die Jenaer *Rosenloge* berichtet der Berliner *Concordeloge* von der Schulgründung und bittet um Spenden.

Eine Näherin wird stundenweise und der Theologiestudent Wilhelm Leberecht Kettembeil zunächst inoffiziell als Lehrer der moralischen Klasse angestellt.

In Jena, Erfurt und Halle erscheinen Zeitungsberichte über die Eröffnung der Rosenschule.

Feb.   Die Predigt *Jesus als das beste Muster wohlerzogener Söhne und Töchter* des Wenigenjenaer Pfarrers Johann Georg Schmidt erscheint im Druck.

20. Feb.   Kettembeil wird offiziell als Hofmeister der *Rosenschule* eingeführt. Jedes Kind wird täglich zwei Stunden in der moralischen Klasse unterrichtet.

Apr.   Einige Stunden wöchentlich werden ältere Jungen von einem Perückenmacher unterwiesen. Eine Spendenbüchse wird am Eingang der Schule angebracht.

Mai   Eine Näherei wird eingerichtet, die Näherin erhält eine feste Anstellung.

17. Mai   Für die Schule werden Kühe und Schweine angeschafft. In·der Folge erhalten einige Mädchen Unterricht in der Pflege des Viehs und in der Milchverarbeitung.

Darjes kauft ein Feld für die Schule.

Juni	Einige Kinder werden im Wollspinnen auf Spinnrädern unterwiesen und fertigen Garn für neue Schulkleidung.
	Ein Freund Darjes' erteilt Zeichenunterricht.
30. Juni	Die Berliner *Concordeloge* antwortet der Jenaer *Rosenloge* mit guten Wünschen für das Schulprojekt und schickt eine Spende.
Juli	Magister Ludwig Friedrich Ehrenfried Cramer wird als Lehrer in der mathematischen Klasse für Jungen eingestellt. Er unterrichtet im Rechnen, Zeichnen, Glasschleifen und angewandter Mechanik und Optik.
6. Juli	Darjes berichtet an Johann Heinrich von Brandenstein, dass derzeit 22 Kinder versorgt und unterrichtet werden. An Personal erhalten mit der Aufwärterin, dem Verwalter, dessen Frau, der Näherin, dem Lehrer und dem Mathematikus inzwischen sechs Personen Sold und Kost, weiterhin wird auch der Perückenmacher einige Stunden pro Woche bezahlt. Für den Bau eines eigenen Schulgebäudes werden bereits Steine gebrochen. Bisher gab es noch keine finanziellen Schwierigkeiten.
Okt.	Erste Zusagen für feste jährliche Spenden treffen ein.
Nov.	Einige Mädchen werden im Flachsspinnen angeleitet.
Dez.	Einige Jungen werden von einquartierten preußischen Soldaten im Spinnen auf der Spindel angeleitet.

1763

11. Jan.	Die zwölfjährige Magdalena Sybilla Schmid verstirbt in der *Rosenschule*.
17. Jan.	Die Jenaer *Rosenloge* sendet der Berliner *Concordeloge* sowie der Mutterloge *Zu den 3 Weltkugeln* den gedruckten Schulbericht *Das erste Jahr der Real-Schule* mit der Bitte um weitere Spenden.
20. Jan.	Darjes übersendet den Jahresbericht nach Weimar. Die *Rosenschule* hat inzwischen 30 Zöglinge. In der mathematischen Klasse werden Mikroskope und Fernrohre hergestellt. Darjes verhandelt mit einem Leinenweber wegen der Eröffnung einer schuleigenen Weberei. 22 Personen haben sich zu regelmäßigen Spenden verpflichtet. Der Bau eines Schulgebäudes wird weiter vorbereitet.
29. Juni	Die Weimarische Regierung leitet Darjes' Schreiben vom Januar und den Jahresbericht an Anna Amalia weiter.
10. Juli	Anna Amalia stellt Darjes ein Entlassungsschreiben aus.
9. Sept.	Der zwölfjährige Johann Friedrich Petri aus Weimar verstirbt in der *Rosenschule*.
28. Sept.	Darjes verlässt Jena, um seine neue Stelle in Frankfurt an der Oder anzutreten. Gottlieb Joachim Becker wendet sich als sein Stellvertreter an Anna Amalia mit der Bitte, eine Lotterie zugunsten der Schule zu genehmigen. Ein Plan liegt bei.
7. Okt.	Anna Amalia fordert von ihrer Regierung ein Gutachten zur Lotterie an.

17. Okt.	Die Regierung in Weimar empfiehlt Anna Amalia bezüglich der Lotterie eine Kaution von 10.000 Talern zu fordern und die Buchhaltung zu kontrollieren.
28. Okt.	Anna Amalia lehnt diese Empfehlungen ab und fordert ein Gutachten über Becker.
16. Nov.	Die Regierung rät nach weiteren Untersuchungen von der Genehmigung einer Lotterie ab. (Das Schreiben trifft offenbar verspätet bei Anna Amalia ein.)
19. Nov.	Becker erkundigt sich in Weimar erneut wegen der Lotterie.
22. Nov.	Anna Amalia ermahnt die Regierung, wegen der Lotterie Bericht zu erstatten. (Sie erhält daraufhin offenbar das verspätete Schreiben vom 16. November.)
29. Nov.	Anna Amalia befiehlt, die Lotterie zu gestatten und alles Nötige zu unternehmen.
	Zum Jahreswechsel werden Camsdorf und Wenigenjena Opfer eines ungewöhnlich starken Hochwassers der Saale.

1764

13. Jan.	Die Regierung in Weimar berichtet Anna Amalia, dass sich bisher kein Kassierer für die Lotterie gefunden habe.
20. Jan.	Anna Amalia ordnet die Erteilung der Konzession und die weitere Suche nach einem Geldeinnehmer an.

Mai	Nach einer Generalversammlung der Freimaurer-logen in Altenberga wird die Jenaer Loge *Zu den drei Rosen* geschlossen.

1765

Juli	Johann Andreas Möbius aus Camsdorf wird als Brandweinbrenner in der *Rosenschule* erwähnt.
Sept.	Das Freigut Camsdorf wird öffentlich zum Verkauf ausgeschrieben.
Okt.	Camsdorf ist in den Besitz Carl Friedrich von Boses übergegangen.

3 Verzeichnis der verwendeten Abkürzungen für Archive

AKirchJ	Archiv der Evangelisch-Lutherischen Kirchen-gemeinde Jena
FrAFaM	Archiv der Freimaurerloge *Zur Einigkeit*, Frankfurt am Main
GStAPK	Geheimes Staatsarchiv Preußischer Kulturbe-sitz Potsdam
StAAu	Staatsarchiv Aurich
Thür. HStAW	Thüringisches Hauptstaatsarchiv Weimar
UAJ	Universitätsarchiv Jena

4 Quellen- und Literaturverzeichnis

4.1 Ungedruckte Quellen

Akten der Philosophischen Fakultät der Universität Jena. Universitätsarchiv Jena (UAJ), Bestand M.

Akten des akademischen Senats der Universität Jena. Universitätsarchiv Jena (UAJ), Bestand A.

Akten des freimaurerischen Hochkapitels Zion Jena. Geheimes Staatsarchiv Preußischer Kulturbesitz Potsdam (GStAPK), FM 5.2., J 12, Nr. 7/1.

Brief Joachim Georg Darjes an Friedrich Dominikus Ring in Karlsruhe, 26. Juli 1761. Universitätsbibliothek Freiburg im Breisgau, Nachlass Friedrich Dominikus Ring, Mediennummer HS0 08055159.

Brief Joachim Georg Darjes an Johann Heichrich von Brandenstein in Harburg, 6. Juli 1762. Bayerische Staatsbibliothek München, Autograph Daries, Joachim Georg.

Geheimde Canzley-Acta die Rosen-Schule zu Camsdorf betr. 1760–1764. Thüringisches Hauptstaatsarchiv Weimar (Thür. HStAW), Bestand 4756.

Haus-Chronick der Familie Oldenhove im Nachlass Albert Pannenborg. Staatsarchiv Aurich (StAAu), Bestand 220/39, Nr. 56.

Kirchenbücher von Wenigenjena und Camsdorf [Digitalisate]. Archiv der Evangelisch-Lutherischen Kirchengemeinde Jena (AKirchJ).

Korrespondenz der Jenaer Loge Zu den drei Rosen mit der Berliner Loge De la Concorde. Geheimes Staatsarchiv Preußischer Kulturbesitz Potsdam (GStAPK), FM 5.1.4, Nr. 5945.

Korrespondenz der Jenaer Loge Zu den drei Rosen mit der Berliner Mutterloge Zu den drei Weltkugeln. Geheimes Staatsarchiv Preußischer Kulturbesitz Potsdam (GStAPK), FM 5.1.4, Nr. 5944.

Protokoll der Logenversammlung vom 12. September 1762. Archiv der Freimaurerloge Zur Einigkeit Frankfurt am Main (FrAFaM).

4.2 Gedruckte Quellen und Literatur

[ADB] Historische Commission bei der Königl. Akademie der Wissenschaften (Hrsg.): *Allgemeine deutsche Biographie.* 56 Bde. Leipzig 1875-1912. [Onlinefassung URL: http://www.deutsche-biographie.de, letzter Zugriff: 08. 07. 2013]

Asmus, Ivo (Hrsg.): *Gemeinsame Bekannte.* Schweden und Deutschland in der Frühen Neuzeit. Münster 2003.

B., A.: *Blasche, Bernhard Heinrich.* In: ADB 2 (1875), S. 693.

Basedow, Johann Bernhard: *Philalethie.* Neue Aussichten in die Wahrheiten und Religion der Vernunft bis in die Gränzen der glaubwürdigen Offenbarung dem denkenden Publico eröffnet .... Bd. 1. Altona 1764.

Bauer, Joachim/Hellmann, Birgitt/Müller, Gerhard (Hrsg.): *Logenbrüder, Alchemisten und Studenten.* Jena und seine geheimen Gesellschaften im 18. Jahrhundert. Bausteine zur Jenaer Stadtgeschichte, Bd. 6. Rudolstadt/Jena 2002.

Bauer, Joachim/Müller, Gerhard: *Jena, Johnssen, Altenberga.* Ein Beitrag zur Geschichte der deutschen Freimaurerei im 18. Jahrhundert. In: Bauer u. a. (Hrsg.), Logenbrüder, S. 19-85.

– *Joachim Georg Darjes (1714-1791) – Aufklärer, Pädagoge und Freimaurer.* In: Bauer, Joachim/Riederer, Jens (Hrsg.): Zwischen Geheimnis und Öffentlichkeit. Jenaer Freimaurerei und studentische Geheimgesellschaften. Jena/Erlangen 1991, S. 129-199.

Benit, Christian: *Neueröffnete Mathematische und Mechanische REAL-Schule* .... Halle 1709.

Benner, Dietrich/Kemper, Herwart (Hrsg.): *Quellentexte zur Theorie und Geschichte der Reformpädagogik.* Tl. 1. Weinheim 2000.

Bloth, Hugo Gotthard: *Zwei ‚Gesamtschulen' an der Schwelle der industriellen Gesellschaft.* Zum Lebenswerk der Brüder Johann Julius Hecker (1707-1768) in Berlin und Andreas Petrus Hecker (1709-1770) in Stargard/Pommern. In: Pädagogische Rundschau 24 (1970), S. 677-692.

Bobé, Louis: *Die deutsche St.-Petri-Gemeinde zu Kopenhagen, ihre Kirche, Schulen und Stiftungen.* Kopenhagen 1925.

Böhm, A.: *Die Rosenschule bei Jena.* In: Ders.: Geschichte der Jenaer Schulen. Maschinenschriftliches Manuskript. Jena 1953, S. 148–156.

Burger, Helene/Hermann, Erhard/Wiedemann, Hans (Hrsg.): *Pfarrerbuch Bayerisch-Schwaben.* Ehemalige Territorien Grafschaft Oettingen, Reichsstädte Augsburg, Donauwörth, Kaufbeuren, Kempten, Lindau, Memmingen, Nördlingen und Pfarreien der Reichsritterschaft in Schwaben. Zsgest. v. H. Wiedemann u. Chr. v. Brandenstein. Neustadt a. d. Aisch 2001.

Burggraf, Gudrun: *Christian Gotthilf Salzmann im Vorfeld der Französischen Revolution.* Germering 1966.

Cramer, Ludwig Ehrenfried Friedrich: *Für die Policei.* 2 Stücke. Hannover 1788.

Dadelsen, Georg von: *Anna Amalia.* In: NDB 1 (1953), S. 302–303.

Darjes, Joachim Georg: *Das erste Jahr der Real-Schule die den Namen die Rosen-Schule bey Jena führet beschrieben von ihrem Stifter.* Jena 1763.

– *Discours über sein Natur- und VölkerRecht auf Verlangen herausgegeben.* 3 Bde. Jena 1762/63.

– *Einleitung in des Freyherrn von Bielefeld Lehrbegriff der Staatsklugheit zum Gebrauch seiner Zuhörer verfertiget.* Jena 1764.

– *Entwurf einer Real-Schule zur Erziehung armer Kinder, zum Nutzen der wirthschaftlichen Beschäftigungen.* Jena 1761.

– *Erste Gründe der Cameral-Wissenschaften.* Darinnen die Haupt-Theile sowohl der Oeconomie als auch der Policey und besondern Cameral-Wissenschaft in ihrer natürlichen Verknüpfung zum Gebrauch seiner academischen Fuerlesung entworfen. 2. verm., verb. u. mit einer neuen Vorrede vers. Aufl. Jena 1768. Neudruck als: Erste Gründe der Kameralwissenschaften. Aalen 1969.

– Erste Gründe der philosophischen Sitten-Lehre. Auf Verlangen und zum Gebrauche seiner Zuhörer entworfen. Jena 1750.

– Fernere Erläuterung und Vertheidigung meiner Gedanken von der göttlichen Absicht bei der Erschaffung der Dinge, wider Herrn Prof. Bielken. In: Ders. (Hrsg): Philosophische Nebenstunden. 4. Smlg. Jena 1752, S. 1–100.

– Institutiones jurisprudentiae universalis, in quibus omnes juris naturae, socialis et gentium partes in usum auditorii sui methodo scientifica explicantur. Jena 1740.

– Summae reverendae facultatis theologicae Jenensis theses orthodoxae, erroribus tractatus philos. in quo pluralitas etc. oppositae ab autore dicti tractatus iam ante privatim susbcriptae, iam vero ad tollendum quod publice datum fuit scandalum ab eodem editae. Jena 1735.

– Tractatus philosophicus in quo pluralitas personarum in deitate, qua omnes conditiones, ex solis rationis principiis methodo mathematicorum demonstratur. Jena 1735.

Der Pflegecommission zu St. Petri öffentliche Rechenschaft wie sie sich bisher bemüht hat die Königliche Verordnung vom 9. März 1792 über die Einrichtung und Regierung des Armenwesens in Kopenhagen in Ausübung zu bringen. Kopenhagen 1792.

Eckert, Ferdinand: Geschichte der Lateinschule Lindau. Festschrift zum Gedächtnis der Gründung der Lateinschule Lindau vor 400 Jahren 1528–1928. Lindau 1928.

[Freimaurerhandbuch] Verein Deutscher Freimaurer (Hrsg.): Allgemeines Handbuch der Freimaurerei. 2., völlig umgearbeitete Auflage von Lenning's Encyklopädie der Freimaurerei. Bd. 1. Leipzig 1863.

Friedrich, Leonhard: Salzmann, Christian Gotthilf. In: NDB 22 (2005), S. 402–403.

Gärtner, Florian: Joachim Georg Darjes und die preussische Gesetzesreform. Ein Beitrag zur Entstehungsgeschichte des ALR. Berlin 2007.

Goldenbaum, Ursula: *Der Skandal der Wertheimer Bibel*. Die philosophisch-theologische Entscheidungsschlacht zwischen Pietisten und Wolffianern. In: Dies. (Hrsg.): Appell an das Publikum. Die öffentliche Debatte in der deutschen Aufklärung 1687–1796. Tl. 1. Berlin 2004, S. 175–508.

Götze, O.: ,Die Rosenschule bey Jena' (1762–1764), eine freimaurerische Gründung des 18. Jahrhunderts. In: Zirkelkorrespondenz. Ordensblatt. Große Landesloge der Freimaurer von Deutschland, Deutsch-Christlicher Orden 60 (1931), S. 302–312.

– *Die erste Thüringer Realschule (1762–1764)*. In: Thüringer Lehrer-Zeitung. Thüringer Lehrerverein (e. V.) 20 (1931), S. 98–101.

Groß, Johann Gottfried (Hrsg.): *Auszug der neuesten Weltgeschichte auf das Jahr ...*. [Titel variierte]. Erlangen 1741–1768.

– *Entwurf eines mit leichten Kosten zu errichtenden Seminarii Oeconomico-Politici, Das ist einer solchen Schul-Anstalt, darinnen die ... Nicht studirende Jugend, ... auf eine für Sie und das Publicum sehr vortheilhafte Weise, zu erziehen seyn möchte*. 2. Aufl. Frankfurt/Leipzig/Nürnberg 1740.

Günther, Johannes: *Lebensskizzen der Professoren der Universität Jena seit 1558 bis 1858*. Eine Festgabe zur 300jährigen Säcularfeier der Universität .... Jena 1858.

Günzel, Klaus: *Das Weimarer Fürstenhaus*. Eine Dynastie schreibt Kulturgeschichte. Köln u. a. 2001.

Gutsche, Willibald: *Der Begründer des neuzeitlichen Erfurter Erwerbsgartenbaues Christian Reichart – Sohn seiner Zeit und Wegbereiter des Fortschritts*. In: [Rat der Stadt Erfurt (Hrsg.)]: Christian Reichart 1685–1775. Pionier und Förderer des Erfurter Erwerbsgartenbaues. Veröffentlichungen des Naturkundemuseums Erfurt, Sonderheft. Erfurt 1985, S. 5–29.

Hallische Zeitungen. Jg. 1762, Nr. 14. Halle 1762.

Harles, Gottlieb Christoph: *Gedanken von den Real-Schulen*. Bremen 1766.

Heuser, Magdalene (Hrsg.): *Ich wünschte so gar gelehrt zu werden.* Drei Autobiographien von Frauen des 18. Jahrhunderts. Göttingen 1994.

Hohenthal, Peter von (Hrsg.): *Oeconomische Nachrichten.* 15 Bde. Leipzig 1749–1763.

Iven, Kurt: *Die Industriepädagogik des 18. Jahrhunderts.* 1929. In: Koneffke, Gernot (Hrsg.): Zur Erforschung der Industrieschule des 17. und 18. Jahrhunderts. Schriften von Hermann Brödel, Kurt Iven, August Gans und Robert Alt. Vaduz 1982.

Kämmel, Heinrich: *Hähn, Johann Friedrich.* In: ADB 10 (1879), S. 373–374.

Kaupp, Peter u. a.: *Professor Darjes und seine Rosenschule (1762–1764).* In: Dies.: Zinne über'm Brückenbogen. Jena 1994. S. 17–26.

Klinger, Kerrin: *Der Entwurf zur Fürstlichen Freyen Zeichenschule des Friedrich Justin Bertuch.* Vorbilder, Motive, Zielsetzungen. In: Dies. (Hrsg.): Kunst und Handwerk in Weimar. Von der Fürstlichen Freyen Zeichenschule zum Bauhaus. Köln u. a. 2009, S. 7–21.

Kloß, Johann Georg Burkhard Franz: *Annalen der Loge zur Einigkeit, der Englischen Provincial-Loge, so wie der Provincial- und Directorial-Loge des eclectischen Bundes zu Frankfurt am Main 1742–1811.* Eine Festgabe. Frankfurt a. M. 1842.

Koch, H.: *Die ‚Rosenschule' in Jena.* Ein Beitrag zur thüringischen Schulgeschichte des 18. Jahrhunderts. In: Festschrift Armin Tille zum 60. Geburtstag. Weimar 1930, S. 269–274.

Koldewey, Friedrich: *Die Verfassung der Realschule im Hochfürstl. Grossen Waisenhause zu Braunschweig 1754.* Braunschweig 1886.

Kühlmann, Wilhelm (Hrsg.): *Killy Literaturlexikon.* Bd. 9. 2. Aufl. Berlin/New York 2010.

Kybalová, Ludmilla u. a.: *Das große Bilderlexikon der Mode.* Vom Altertum zur Gegenwart. Dresden 1981.

Lachmann, Franz Heinrich August: *Geschichte der Freimaurerei in Braunschweig von 1744 bis Neujahr 1844, aus den Protocollen* und *Archiven der [Loge] Carl zur gekrönten Säule ausgezogen.* Braunschweig 1844.

Le Forestier, René: *Die templerische und okkultische Freimaurerei im 18. und 19. Jahrhundert.* Hrsg. v. A. Faivre. Dt. Ausgabe hrsg. v. A. Durocher. Bd. 1. Leimen 1987.

Lembke, Christian Heinrich: *Selbstbiographie weyland Sr. Magnificenz des Herrn Bürgermeisters der kaiserlichen freyen Reichsstadt Lübeck, Gabriel Christian Lembke, beyder Rechte Doctor und Kaiserl. Pfalzgrafen, herausgegeben von seinem Sohne ....* [Lübeck] 1800.

Lincke, Adolph Georg Carl: *Geschichte der St. Johannis-Loge Zu den drei Zirkeln, früher la parfaite union im Oriente Stettin.* Zur Säcular-Feier der Loge am 3. und 4. April 1862. Stettin 1862.

Marwinski, Felicitas: *Die Teutsche Gesellschaft zu Jena – eine „Akademie der höhern Wissenschaften"?* Über gelehrte Preisfragen im Rahmen des Akademie-Konzepts. In: Zeitschrift des Vereins für Thüringische Geschichte 58 (2004), S. 83–122.

– *Johann Andreas Fabricius und die Jenaer gelehrten Gesellschaften des 18. Jahrhunderts.* Jena 1989.

[Matrikel Jena] Köhler, Otto (Bearb.): *Die Matrikel der Universität Jena.* Bd. 3. 2 Teile. München u. a. 1992.

Mentz, Georg: *Weimarische Staats- und Regentengeschichte vom Westfälischen Frieden bis zum Regierungsantritt Carl Augusts.* Jena 1936.

Meusel, Johann Georg: *Lexikon der vom Jahr 1750 bis 1800 verstorbenen teutschen Schriftsteller.* Leipzig 1802–1816.

Meyer, Johann Heinrich/Schrön, Matthias Ludwig (Hrsg.): *Weimarische wöchentliche Anzeigen.* [Titel variierte]. Weimar 1755–1800.

Mühlpfordt, Günter: *Radikaler Wolffianismus.* Zur Differenzierung und Wirkung der Wolffschen Schule ab 1735. In: Schneiders, Werner (Hrsg.): *Christian Wolff (1679–1754).* Interpretationen zu seiner Philosophie und deren Wirkung. Mit einer Bibliographie der Wolff-Literatur. Hamburg 1983, S. 237–253.

Müller, Iwan von: *Harles, Gottlieb Christoph*. In: ADB 10 (1879), S. 603–604.

Müller, Siegfried: *Reichart, Christian*. In: NDB 21 (2003), S. 297.

Münter, Friedrich Christian Carl Heinrich: *Balthasar Münters Leben und Charakter*. In: Münter, Balthasar: Öffentliche Vorträge über Reden und Begebenheiten Jesu nach den vier Evangelisten. Bd. 9. Kopenhagen 1793.

[NDB] Historischen Kommission bei der Bayerischen Akademie der Wissenschaften (Hrsg.): *Neue deutsche Biographie*. Berlin 1953. [Onlinefassung URL: http://www.deutsche-biographie. de, letzter Zugriff: 08. 07. 2013]

Neuer historischer Schauplatz aller vorfallenden Begebenheiten im Staat, der Kirche, der gelehrten Welt, und dem Naturreiche. Jg. 1762, 2. St. Erfurt 1762.

Neuper, Horst/Kühn Katarina/Müller, Matthias (Hrsg.): *Das Vorlesungsangebot an der Universität Jena von 1749 bis 1854*. 2 Teile. Weimar 2003.

Noback, Christian u. Friedrich: *Vollständiges Taschenbuch der Münz-, Maass- und Gewichts-Verhältnisse, der Staatspapiere, des Wechsel- und Bankwesens und der Usanzen aller Länder und Handelsplätze*. Leipzig 1851.

Oemler, Christian Wilhelm: *Kurze Nachricht von der im Jahre 1768 eingerichteten Jenaischen Armen-Schule, auf Verlangen verschiedener Freunde herausgegeben*. Jena 1773.

Paul, Konrad: *Die ersten hundert Jahre 1774–1873*. Zur Geschichte der Weimarer Mal- und Zeichenschule. Katalog zur Ausstellung in Weimar 1996. Weimar 1997.

[Pfarrerbuch Sachsen] Verein f. Pfarrerinnen u. Pfarrer i. d. Evang. Kirche der Kirchenprovinz Sachsen e. V. (Hrsg.): *Pfarrerbuch der Kirchenprovinz Sachsen*. In Zusammenarb. m. d. Interdisziplinären Zentrum f. Pietismusforschung d. Martin-Luther-Univ. Halle-Wittenberg in Verbindung m. d. Franckeschen Stiftungen zu Halle (Saale) u. d. Evang. Kirche in Mitteldeutschland. [Red.: V. Albrecht-Birkner] Bd. 9. Leipzig 2009.

Prantl, Carl von: *Hennings, Justus Christian*. In: ADB 11 (1880),
S. 780f.

- *Heusinger, Joh. Heinrich Gottlieb*. In: ADB 12 (1880), S. 335–
336.

Privilegirte Jenaische Zeitungen. Jena 1752–1771 (nachgewiesen).

Ranke, Karl Ferdinand: *Johann Julius Hecker, der Gründer der Kö-
niglichen Realschule zu Berlin*. Einladungsschrift … zur ersten
Säkular-Feier der Realschule …. Berlin 1847.

Reichart, Christian: *Gemischte Schriften*. Erfurt 1762.

- *Land- und Gartenschatzes … Theil*. 6 Teile. Erfurt 1753–1756
(Universalregister 1762).

- *Sollte wohl ein Erfurter klagen können, über den Mangel der Schulen*. In: Ders., Gemischte Schriften, S. 284–306.

Rotermund, Heinrich Wilhelm: *Das gelehrte Hannover oder Le-
xicon von Schriftstellern und Schriftstellerinnen, gelehrten
Geschäftsmännern und Künstlern die seit der Reformation
in und außerhalb den sämtlichen zum jetzigen Königreich
Hannover gehörigen Provinzen gelebt haben und noch leben*. Bremen 1823.

Schattenmann, Paul: *Georg Adam Michel, Generalsuperintendent
in Oettingen, und sein gelehrter Briefwechsel*. Ein Beitrag zur
Kirchengeschichte des 18. Jahrhunderts. Nürnberg 1962.

Schaubs, Christine: *Die Erziehungsanstalt in Schnepfenthal im
Umfeld geheimer Sozietäten*. Ein Beitrag zum Leben und Werk
Christian Gotthilf Salzmanns. Nordhausen 2005.

Schauer, Johann Karl: *Urkundliche Geschichte von Wenigenjena
und Camsdorf, mit Inbegriff der Umgegend, als des Jenzigs, der
Saalbrücke, der Saalüberschwemmungen u. s. w. Aus den Quellen
zum ersten Male aufgestellt …. Jena 1846.

Schindel, Ulrich: *Gesner, Johann Matthias*. In: NDB 6 (1964),
S. 348–349.

Schindler, Georg: *Hähn, Johann Friedrich*. In: NDB 7 (1966), S. 432.

Schmidt, Erich: *Ring, Friedrich Dominicus*. In: ADB 28 (1889),
S. 629–630.

Schmidt, Johann Georg: *Jesus als das beste Muster wohlerzogener Söhne und Töchter in einer Predigt ... vorgestellet ....* Jena 1762.

– *Zions Aufmerksamkeit auf herrliche Dinge, welche in der Stadt Gottes geprediget werden wurde in einer Predigt am ersten Advents-Sonntage über die ordentliche Epistel in der HauptKirche zu Jena abgehandelt ....* Jena 1760.

Schöler, Walter: *Geschichte des naturwissenschaftlichen Unterrichts im 17. bis 19. Jahrhundert.* Berlin, 1970, S. 41–53.

Spangenberg, Johann Christian Jacob: *Handbuch der in Jena seit beinahe fünfhundert Jahren dahingeschiedenen Gelehrten, Künstler, Studenten und andern bemerkenswerthen Personen ....* Jena 1819.

Spitzner, Franz Ernst Heinrich: *Geschichte des Gymnasiums und der Schulanstalten zu Wittenberg aus den Quellen erzählt.* Leipzig 1830.

Stalmann, W./ Koldewey, Friedrich: *Wiedeburg, Friedrich August.* In: ADB 42 (1897), S. 376–379.

Stolze, Alfred: *Die deutschen Schulen und die Realschulen der Allgäuer Reichsstädte bis zur Mediatisierung.* Monumenta Germaniae Paedagogica. Beiheft 1. Berlin 1916.

Trost, Fritz: *Die Göttingische Industrieschule.* Berlin 1930.

Ulbricht, Günter: *Joachim Georg Darjes – Arbeitspädagoge der Aufklärung.* In: Arbeit und Technik in der Schule 8 (1997), S. 202f.

Vick, Joachim Christoph: *Die vernünftige Wahl einer Weisen bey der glücklichen Verbindung des ... Herrn Lorenz Johann Daniel Succow ... mit ... Jungfer Anna Catharina Darjes ... den 14. May 1750 in Jena glückwünschend fürgestellt ....* Jena [1750].

Wagenmann, Julius August: *Hallbauer, Friedrich Andreas.* In: ADB 10 (1879), S. 415–416.

Wiebe, Carl: *Die Große Loge von Hamburg und ihre Vorläufer.* Nach den Quellen des Archivs der Großen Loge, der Vereinigten 5 Logen und des Geschichtlichen Engbundes. Hamburg 1905.

Winkler, Werner: *Die Pädagogik von Joachim Georg Darjes (1714–1791) und ihre Bedeutung für die Entwicklung der Arbeitserzie-*

hung. In: Alt, Robert u. a. (Hrsg.): Jahrbuch für Erziehungs- und Schulgeschichte. Berlin 1963. S. 25–74.

Wölfle, Emil-Friedrich: *Joachim Georg Darjes' Rosenschule bei Jena*. Ein Bildungskonzept der Aufklärung. Staatsexamensarbeit. Darmstadt 1979.

Zahn, Kurt: Die *ältesten Kirchenbücher von Wenigenjena von 1713–1807*. Register aller Trauungen, Taufen und Beerdigungen, aus den Aufzeichnungen der Wenigenjenaer Pfarrer über eine Zeit von mehr als 90 Jahren. o. O. 2006.

Die Pfarrer der Superintendentur Jena bis zum Ausgang des 18. Jahrhunderts. o. O. 1999.

Zincke, Georg Heinrich (Hrsg.): *Leipziger Sammlungen* von allerhand zum land- und stadt-wirthschafftlichen Policey-, Finanz- und Cammer-Wesen dienlichen Nachrichten, Anmerckungen, Begebenheiten, Versuchen, Vorschlägen, neuen und alten Anstalten, Erfindungen, Vortheilen, Fehlern, Künsten, Wissenschaften und Schriften: wie auch von denen in diesen so nützlichen Wissenschaften und Uebungen wohlverdienten Leuten. 16 Bde. Leipzig 1742–1767.

Zwicke, Johann Arnold Anton: *Vorläuffige Nachricht von der gegenwärtigen Verfassung der Schule im Hochfürstl. grossen Waysenhause zu Braunschweig um derer willen die sich darnach erkundigen ertheilt* .... Braunschweig 1754.

Anja Richter (Hrsg.)
Inszenierte Bildung
Historische Festreden als
Spiegel protestantischer
Schulkultur

*Quellen zur protestantischen
Bildungsgeschichte (QPBG) | 1*

144 Seiten | Paperback
ISBN 978-3-374-03211-2
EUR 19,80 [D]

Schulreden eröffnen einen sehr praxisnahen Zugang zur Geschichte protestantischer Bildungsinstitutionen. Die Edition vereint ausgewählte Schulreden, die an bekannten sächsischen Gymnasien im 19. und frühen 20. Jahrhundert gehalten worden sind. Jubiläumsreden eröffnen die Sammlung. Der Bogen spannt sich von den 300-Jahrfeiern St. Afras 1843 und St. Augustins 1850 über 700 Jahre Leipziger Thomasschule 1912 bis hin zu den 400-Jahrfeiern der Leipziger Nikolaischule 1912 und des Freiberger Gymnasiums 1915. Den Abschluss bilden drei Entlassungsreden.

EVANGELISCHE VERLAGSANSTALT
Leipzig www.eva-leipzig.de

Tel +49 (0) 341/ 7 11 41 -16   vertrieb@eva-leipzig.de